泡沫轴使用手册

损伤预防、疼痛缓解与肌肉放松

人邮体育编写组 · 编著

人民邮电出版社
北京

图书在版编目（CIP）数据

泡沫轴使用手册：损伤预防、疼痛缓解与肌肉放松 /
人邮体育编写组编著. -- 北京：人民邮电出版社，
2022.5
　ISBN 978-7-115-55577-9

Ⅰ. ①泡… Ⅱ. ①人… Ⅲ. ①身体训练－手册 Ⅳ.
①G808.14-62

中国版本图书馆CIP数据核字(2020)第249805号

免责声明

本书内容旨在为大众提供有用的信息。所有材料（包括文本、图形和图像）仅供参考，不能替代医疗诊断、建议、治疗或来自专业人士的意见。所有读者在需要医疗或其他专业协助时，均应向专业的医疗保健机构或医生进行咨询。作者和出版商都已尽可能确保本书技术上的准确性以及合理性，并特别声明，不会承担由于使用本出版物中的材料而遭受的任何损伤所直接或间接产生的与个人或团体相关的一切责任、损失或风险。

内 容 提 要

　　本书是一本泡沫轴使用工具书。全书先介绍了泡沫轴及其使用原理、使用益处、分类与选择、使用注意事项，随后针对不同类型、不同运动量的人群给出了不同的泡沫轴放松计划，最后根据不同身体部位进行分类，阐述了不同部位可能产生的疼痛，并通过100余幅真人示范图分步骤详解多个训练动作。本书旨在帮助读者增强力量和柔韧性，有效预防和自我治疗运动伤害以及日常生活中常见的疼痛。

　　本书适用于健身爱好者、体能教练、健身教练、普通办公室工作人员等。

◆ 编　著　人邮体育编写组
　　责任编辑　李　璇
　　责任印制　周昇亮
◆ 人民邮电出版社出版发行　　北京市丰台区成寿寺路 11 号
　　邮编　100164　　电子邮件　315@ptpress.com.cn
　　网址　https://www.ptpress.com.cn
　　北京七彩京通数码快印有限公司印刷
◆ 开本：700×1000　1/16
　　印张：6.5　　　　　　　　　　　2022 年 5 月第 1 版
　　字数：137 千字　　　　　　　　2025 年 11 月北京第 6 次印刷

定价：39.80 元

读者服务热线：(010)81055296　印装质量热线：(010)81055316
反盗版热线：(010)81055315

本书视频使用说明

本书提供部分动作练习的在线视频，您可通过微信"扫一扫"，扫描书中的二维码进行观看。

| 微信 | Q | + |

- 朋友圈
- 扫一扫
- 摇一摇
- 看一看
- 搜一搜
- 附近的人

发起群聊
添加朋友
扫一扫
收付款
帮助与反馈

Step1： 点击微信聊天界面右上角的"+"，弹出功能菜单

Step2： 点击弹出的功能菜单上的"扫一扫"进入该功能界面

Step3： 对准书中的二维码进行扫描

（打开微信"扫一扫"）

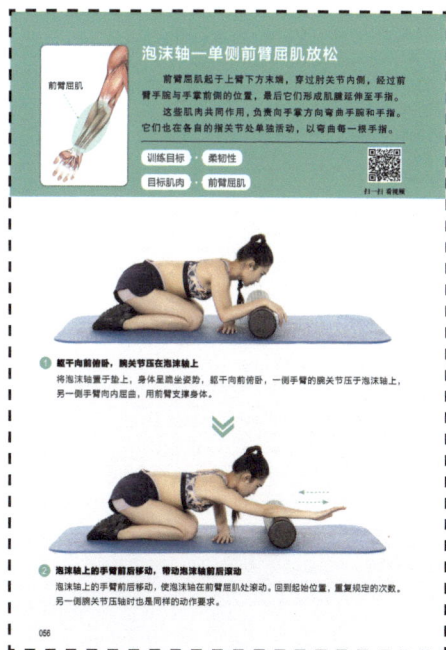

泡沫轴—单侧前臂屈肌放松

前臂屈肌

前臂屈肌起于上臂下方末端，穿过肘关节内侧，经过前臂手腕与手掌前侧的位置，最后它们形成肌腱延伸至手指。这些肌肉共同作用，负责向手掌方向弯曲手腕和手指。它们也在各自的掌关节处单独活动，以弯曲每一根手指。

| 训练目标 | 柔韧性 |
| 目标肌肉 | 前臂屈肌 |

扫一扫 看视频

① 躯干向前俯卧，腕关节压在泡沫轴上

将泡沫轴置于膝上，身体呈跪坐姿势，躯干向前俯卧，一侧手臂的腕关节压在泡沫轴上，另一侧手臂向内屈曲，用前臂支撑身体。

② 泡沫轴上的手臂前后移动，带动泡沫轴前后滚动

泡沫轴上的手臂前后移动，使泡沫轴在前臂屈肌处滚动。回到起始位置，重复规定的次数。另一侧腕关节压轴时也是同样的动作要求。

056

二维码/条码

将二维码/条码放入框内，即可自动扫描

我的二维码

封面 相册

（通过微信"扫一扫"扫描书中的二维码，即可观看在线视频）

- 如果您已关注微信公众号"人邮体育"，扫描后可直接观看与该动作练习对应的在线视频。
- 如果您未关注微信公众号"人邮体育"，扫描后会出现"人邮体育"微信公众号的二维码。请根据说明关注"人邮体育"微信公众号，并点击"资源详情"，即可观看视频。

目 录

01 泡沫轴基础知识

02 泡沫轴放松计划

03　泡沫轴训练动作

01

泡沫轴基础知识

什么是泡沫轴

泡沫轴的介绍

　　泡沫轴是一种自我按摩和放松的工具。泡沫轴具有重量较轻、富有弹性的特点，能够辅助练习者完成各种动作，还有放松肌肉、缓解疲劳、健身塑形的功能，是当下非常受欢迎的健身器材。

　　在热身训练中使用泡沫轴，能帮助我们缓解肌肉紧张，增强灵活性，激活身体，在正式训练时有更好的运动表现；而在恢复和整理训练中，泡沫轴又能够有效缓解有氧运动或力量训练后的肌肉酸痛和粘连，还有助于促进新陈代谢。

泡沫轴的清洗与保存

　　1.当使用一段时间后，建议使用肥皂水或清水对泡沫轴进行清洁。

　　2.请勿使用清洁力强的化学物质（如84消毒液、漂白剂等）擦拭泡沫轴，否则会损坏其表面结构。

　　3.不要将泡沫轴长期放置在阳光下，否则会影响其使用寿命。

泡沫轴的使用原理

泡沫轴放松也被称为自我筋膜放松 (Self-Myofascial Release，SMR)。使用者通过泡沫轴上的凸点对自己身体相应的部位施压，来让肌肉恢复弹性，并且能够在各种情况下随时做出反应。

泡沫轴放松是自我筋膜放松最常用的一种方式，最早仅应用于专业运动员、教练员和医疗工作人员，近年来被大力推广。泡沫轴放松采用的是针对肌肉周围的筋膜进行疏解、舒展肌肉"硬结"（又被称为扳机点或肌筋膜粘连）的放松方式。触压扳机点时有疼痛加重的感觉，严重时会发生疼痛难忍、关节活动受限的情况。泡沫轴放松主要利用自我抑制原理，利用泡沫轴依靠人体自身重量对身体肌肉产生一定的压力，增加肌肉的张力，以此来激活位于肌腱结合部的机械性感受器——高尔基腱器（Golgi Tendon Organ，GTO）。高尔基腱器在受到压力刺激后会变得活跃，可以抑制肌肉的α-运动神经元，减小肌肉张力，降低肌肉收缩程度，最终达到放松肌肉的效果。

泡沫轴的使用益处

泡沫轴成为最受欢迎的健身器材之一，与它的使用简便、易操作是分不开的，但更重要的是它能够为身体带来很多益处。

降低组织粘连风险

肌肉、肌腱、韧带和筋膜等软组织发生损伤时，在修复过程中，软组织间的胶原纤维不一定会完全按照原来的顺序生长，很有可能会与其他层面的筋膜粘连。使用泡沫轴放松，可以降低组织粘连风险。

改善关节活动范围

当组织间有粘连时，会造成肌肉持续缩短，增大肌肉周围的压力，限制关节的活动范围。泡沫轴放松可以减小组织压力、缓解肌肉紧张、增加关节活动范围。利用泡沫轴定期梳理身体筋膜，不仅可以起到缓解肌肉紧张的作用，还有助于提升运动表现。

减轻酸痛、促进恢复

在训练后使用泡沫轴，可以减轻肌肉酸痛，促进身体恢复。将肌肉靠近质地紧密的泡沫轴进行滚动按压，可以舒展肌肉和筋膜，促进血液循环，缓解肌肉酸痛。

维持良好的肌肉长度与张力

关节的活动需要一系列肌肉的协同合作来维持，如果关节周围部分肌肉变得紧张，就会造成关节运作的不平衡。泡沫轴放松可以帮助肌肉维持良好的长度与张力。

泡沫轴的分类与选择

现在市面上的泡沫轴种类特别多，很多健身新手不知道该怎么选择。泡沫轴从长到短、从软到硬，各种类型都有，适用领域也非常广泛。建议先花时间耐心了解，再根据自己的需求进行购买。这里为大家介绍泡沫轴的几种类型及挑选方式。

浮点实心泡沫轴

　　浮点实心泡沫轴是市面上最轻质的泡沫轴，也是相对比较柔软的一种。对于从未进行过泡沫轴放松的人来说，建议先使用这种类型的泡沫轴，因为其压缩性较高，对于软组织的穿透 (Penetration) 较轻。浮点实心泡沫轴既可以在训练课上使用，又能在进行激烈训练后的放松环节中使用。

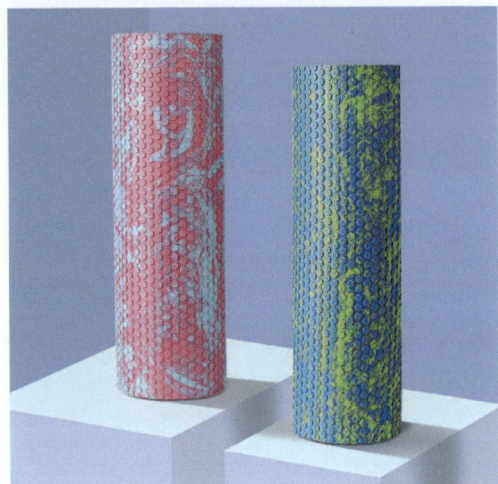

粉紫

蓝绿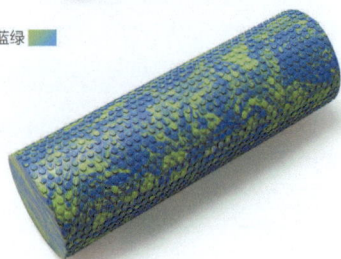

空心泡沫轴

　　空心泡沫轴表面的凸起具有一定的柔软度，但相对于浮点实心泡沫轴来说要硬一些，它可以起到很好的深层按摩作用，适合有一定训练基础的患者和运动员使用。

电动型泡沫轴

电动型泡沫轴在普通泡沫轴的基础上增加了震动功能，大大加快了血液循环速度，不仅可以节省时间，而且可以更好地全面放松肌肉，使人享受运动后放松的感觉。

泡沫轴的挑选方式

一、闻味道

刚刚开封的泡沫轴会有一股淡淡的塑料橡胶味，质量好的泡沫轴在通风一天后味道会变淡，而质量差的泡沫轴在通风几天后味道依然会很大。

二、检查软硬程度

泡沫轴并不是材质越硬越好，要根据自身的需求来选择泡沫轴的软硬程度。初学者适合使用柔软的泡沫轴。在使用泡沫轴放松腰背、大腿等部位的时候，过于坚硬的泡沫轴会使放松部位变得疼痛，从而使肌肉更加紧张，很难放松下来。在检查泡沫轴的软硬程度时，可以用手指按压泡沫轴表面，如果表面凹陷后能迅速回弹，则说明泡沫轴的柔软度和弹性是比较合适的。

三、性价比

电动型泡沫轴的价格相对于普通泡沫轴要高很多。职业运动员选择电动型泡沫轴可以节省时间和精力，同时实现高效放松；普通的运动爱好者选用性价比较高的普通泡沫轴即可。

泡沫轴使用注意事项

使用错误的操作方式和技巧来进行泡沫轴放松，不仅得不到想要的效果，反而会浪费时间，甚至导致受伤。所以，在使用泡沫轴的时候，需要注意以下事项。

让泡沫轴远离骨头或器官等部位

使用泡沫轴进行放松时，要避开那些不能受压的部位，如骨头、关节和器官等，而滚动按压与之相关联的肌肉。例如，避开腰部、膝关节，滚动按压梨状肌、髋屈肌、股四头肌等肌肉、肌群。在进行泡沫轴放松时，不建议在颈部和下背部做来回按压的动作，因为这两个部位比较敏感且肌肉偏小，按压会给脊椎施加较大的压力，使周边的肌肉过度紧张或过度伸展。

当下背部和颈椎感到不适时，可以通过滚动按压其邻近肌肉（髋部肌肉、胸部肌肉）进行缓解，如果情况仍没有得到改善，则需要咨询医疗人员，查找确切的原因并对症治疗。

泡沫轴可做定点按压

在使用泡沫轴进行放松时，如果发现了身体的某一处酸痛点，要尽量避免对该处进行来回滚动按压操作，否则有可能会触发该部位肌肉的保护机制，抑制肌肉的放松。正确的做法是针对酸痛点采用"定点按压"的方式，在疼痛部位停留一下，直至酸痛程度下降，等到该部位的疼痛减轻，肌肉不再紧绷，再尝试扩大泡沫轴的滚动范围。

利用泡沫轴进行全身放松

大部分人都认为，只有在意识到自己身体肌肉紧绷的情况下才能进行泡沫轴放松，这种认知是错误的。泡沫轴放松不仅能够应用在肌肉紧绷的情况下，还能够在热身、运动后放松和预热身体关节活动等情况下应用。而有些身体部位的酸痛点有可能是远端的肌肉筋膜过于紧绷所引起的，这时利用泡沫轴进行全身性按压对大部分人都有很大的帮助。

延长使用泡沫轴的时间

要彻底放松一个酸痛点，通常需要 1~2 分钟；而身体需要舒缓、放松的部位有很多处，因此至少需要进行 20 分钟的按压。使用时间过短只能"治标"不能"治本"。

泡沫轴固然对舒缓身体酸痛有一定的作用，但我们不能只依赖于它。在实际情况中，如果身体的控制能力出现问题、肌肉出现失衡、关节产生疼痛等，都需要在咨询专业人士后再进行治疗。

要量力而行

　　在进行泡沫轴放松时，受压的部位感到压力或轻微疼痛即可，不要对受压部位施加过大的压力。在按压过程中，可以使用双手辅助支撑，以减小压力，避免造成受压部位的过度疼痛。

呼吸节奏正常

　　在使用泡沫轴放松的过程中，要保持平稳的呼吸，尽量避免过度憋气的现象。

02

泡沫轴放松计划

久坐族放松计划

全身放松训练

　　这个计划适用于大部分的久坐人群，计划中的动作可以缓解、放松身体各部位的肌肉。

1 见 058 页
泡沫轴 – 侧卧 – 单侧肱三头肌放松

2 见 063 页
泡沫轴 – 仰卧 – 肩胛放松

4 见 070 页
泡沫轴 – 俯卧 – 下背部拉伸

3 见 083 页
泡沫轴 – 仰卧 – 骶骨放松

5 见 093 页
泡沫轴 – 单侧小腿放松

6 见 097 页
泡沫轴 – 仰卧 – 单侧腘绳肌放松

下腰背舒缓

　　久坐不仅会导致腰大肌缩短、紧张，臀部肌肉无力、出现疼痛，而且会导致腰背部椎体因过度挤压而产生疼痛。以下计划可以拉伸腰背部，使腰背部更加灵活，缓解疼痛。

1 见 072 页

泡沫轴 – 仰卧 – 下背部放松

2 见 082 页

泡沫轴 – 双腿臀桥

4 见 080 页

泡沫轴 – 侧卧 – 单侧腰部放松

3 见 069 页

泡沫轴 – 侧卧 – 单侧背阔肌放松

5 见 086 页

泡沫轴 – 仰卧 – 手脚复合练习

6 见 084 页

泡沫轴 – 仰卧 – 静力平衡 – 闭眼

下肢肌肉放松

在日常生活、工作中，长期保持一个姿势容易使下肢肌肉出现紧张的状况。接下来，我们就利用一些简单的动作来提升下肢肌肉的柔韧性。

1 见 092 页
泡沫轴 – 侧卧 – 单侧髂胫束放松

2 见 094 页
泡沫轴 – 俯卧 – 单侧大腿内侧放松

4 见 086 页
泡沫轴 – 仰卧 – 手脚复合练习

3 见 095 页
泡沫轴 – 俯卧 – 单侧股四头肌放松

5 见 097 页
泡沫轴 – 仰卧 – 单侧腘绳肌放松

6 见 093 页
泡沫轴 – 单侧小腿放松

姿势矫正训练

　　这个计划针对容易在日常活动中会出现紧张、紧绷等状况的肌肉，提供了一些放松动作来消除肌肉酸痛。该计划适用于缓解由不良姿势引起的颈部、腿部肌肉紧张和下背部疼痛。

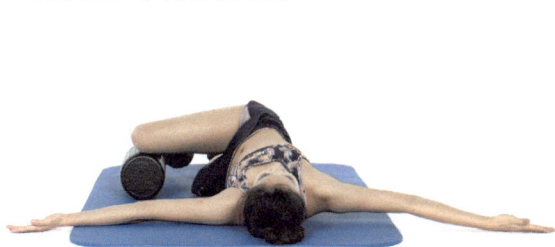

1　见 068 页
　　泡沫轴 – 胸椎旋转

2　见 092 页
　　泡沫轴 – 侧卧 – 单侧髂胫束放松

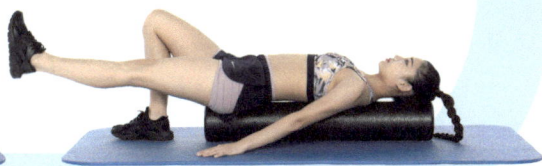

4　见 095 页
　　泡沫轴 – 俯卧 – 单侧股四头肌放松

3　见 098 页
　　泡沫轴 – 仰卧 – 单腿蹬

5　见 086 页
　　泡沫轴 – 仰卧 – 手脚复合练习

6　见 094 页
　　泡沫轴 – 俯卧 – 单侧大腿内侧放松

健身族放松计划

提升肩颈部的柔韧性

对于大部分的健身族来说，健身中肩袖损伤的情况很常见，这是因为我们在健身时只注重锻炼肩部的主要肌肉，而忽略了肩部的小肌肉。接下来的这个计划可以帮助我们更加全面地拉伸肩部，避免受伤。

1 见 070 页
泡沫轴 – 俯卧 – 下背部拉伸

2 见 057 页
泡沫轴 – 俯卧 – 单侧肱二头肌放松

4 见 068 页
泡沫轴 – 胸椎旋转

3 见 069 页
泡沫轴 – 侧卧 – 单侧背阔肌放松

5 见 063 页
泡沫轴 – 仰卧 – 肩胛放松

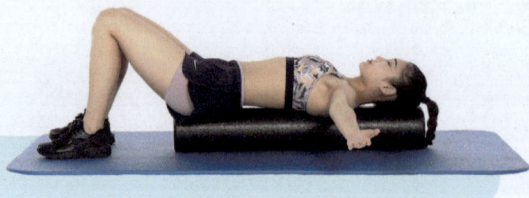

6 见 084 页
泡沫轴 – 仰卧 – 静力平衡 – 闭眼

臀腿放松

很多朋友做完力量训练或长时间有氧训练和力量训练后，都会感到大腿和臀部肌肉有紧绷感与酸痛感。这些部位的肌肉如果长期收紧且得不到放松和拉伸，就很容易影响关节的正常运动，并影响身体形态。因此，我们需要专门的计划来放松臀、腿。

1　见 092 页
泡沫轴 - 侧卧 - 单侧髂胫束放松

2　见 094 页
泡沫轴 - 俯卧 - 单侧大腿内侧放松

4　见 095 页
泡沫轴 - 俯卧 - 单侧股四头肌放松

3　见 091 页
泡沫轴 - 仰卧 - 单侧臀部肌群放松

5　见 097 页
泡沫轴 - 仰卧 - 单侧腘绳肌放松

6　见 093 页
泡沫轴 - 单侧小腿放松

运动项目专项放松计划

跑步 / 远足

对于跑步和远足等长时间的运动，运动前的热身和运动后的放松非常重要，只有将这两项做好，才能降低损伤风险。在本计划中，我们就利用泡沫轴来进行身体放松，促进血液循环，预防伤病。

1 见 068 页
泡沫轴 - 胸椎旋转

2 见 098 页
泡沫轴 - 仰卧 - 单腿蹬

8 见 093 页
泡沫轴 - 单侧小腿放松

7 见 091 页
泡沫轴 - 仰卧 - 单侧臀部肌群放松

9 见 086 页
泡沫轴 - 仰卧 - 手脚复合练习

10 见 096 页
泡沫轴 - 胫骨前肌放松

3　见 094 页
泡沫轴 – 俯卧 – 单侧大腿内侧放松

4　见 097 页
泡沫轴 – 仰卧 – 单侧腘绳肌放松

6　见 080 页
泡沫轴 – 侧卧 – 单侧腰部放松

5　见 069 页
泡沫轴 – 侧卧 – 单侧背阔肌放松

11　见 100 页
泡沫轴 – 坐姿 – 足底放松

12　见 101 页
泡沫轴 – 坐姿 – 足侧放松

棒球 / 垒球

　　进行过棒球、垒球运动的人都知道，在这类运动中肩膀的柔韧性和核心力量是非常重要的。这个计划主要对肩膀与核心周围的肌肉进行放松，以避免在运动中出现抽筋的情况。

1 见 071 页
泡沫轴 – 仰卧 – 上背部放松

2 见 063 页
泡沫轴 – 仰卧 – 肩胛放松

8 见 082 页
泡沫轴 – 双腿臀桥

7 见 079 页
泡沫轴 – 侧卧 – 90/90 拉伸

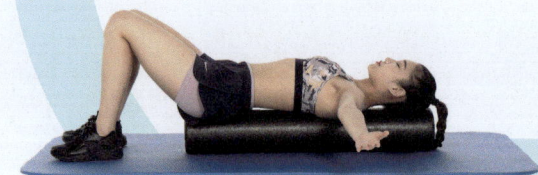

9 见 084 页
泡沫轴 – 仰卧 – 静力平衡 – 闭眼

10 见 070 页
泡沫轴 – 俯卧 – 下背部拉伸

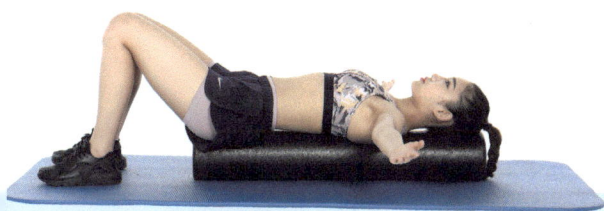

3 见 085 页

泡沫轴 - 仰卧 - 静力平衡 - 睁眼

4 见 064 页

泡沫轴 - 仰卧 - 颈部放松

6 见 086 页

泡沫轴 - 仰卧 - 手脚复合练习

5 见 083 页

泡沫轴 - 仰卧 - 骶骨放松

11 见 097 页

泡沫轴 - 仰卧 - 单侧腘绳肌放松

12 见 093 页

泡沫轴 - 单侧小腿放松

篮球

篮球是一种快节奏的运动，它需要身体向各个方向移动。这个计划可以帮助我们放松紧张的肌肉，提升柔韧性的同时提升核心力量、身体敏捷性。

1　见 071 页
泡沫轴 – 仰卧 – 上背部放松

2　见 064 页
泡沫轴 – 仰卧 – 颈部放松

8　见 086 页
泡沫轴 – 仰卧 – 手脚复合练习

7　见 097 页
泡沫轴 – 仰卧 – 单侧腘绳肌放松

9　见 057 页
泡沫轴 – 俯卧 – 单侧肱二头肌放松

10　见 069 页
泡沫轴 – 侧卧 – 单侧背阔肌放松

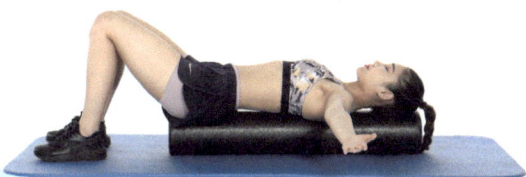

3 见 084 页

泡沫轴 - 仰卧 - 静力平衡 - 闭眼

4 见 070 页

泡沫轴 - 俯卧 - 下背部拉伸

6 见 073 页

泡沫轴 - 竖脊肌放松 1

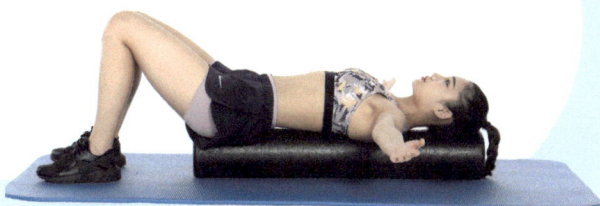

5 见 085 页

泡沫轴 - 仰卧 - 静力平衡 - 睁眼

11 见 056 页

泡沫轴 - 单侧前臂屈肌放松

12 见 081 页

泡沫轴 - 花生球 - 不稳定 - 臀桥交替抬腿

拳击 / 综合格斗

　　这两项运动的耗能非常大，会对身体造成很大的负荷，所以我们需要在运动结束后及时进行肌肉舒缓放松，以免身体损伤加重。同时，这个计划可以很好地加强核心力量。

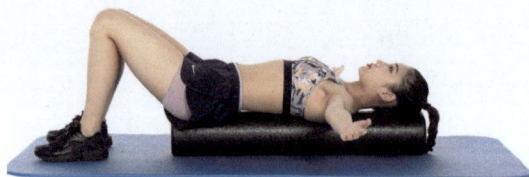

1 见 085 页

泡沫轴 – 仰卧 – 静力平衡 – 睁眼

2 见 084 页

泡沫轴 – 仰卧 – 静力平衡 – 闭眼

8 见 082 页

泡沫轴 – 双腿臀桥

7 见 079 页

泡沫轴 – 侧卧 – 90/90 拉伸

9 见 073 页

泡沫轴 – 竖脊肌放松 1

10 见 069 页

泡沫轴 – 侧卧 – 单侧背阔肌放松

3　　见 071 页

泡沫轴 - 仰卧 - 上背部放松

4　　见 086 页

泡沫轴 - 仰卧 - 手脚复合练习

6　　见 068 页

泡沫轴 - 胸椎旋转

5　　见 056 页

泡沫轴 - 单侧前臂屈肌放松

11　　见 095 页

泡沫轴 - 俯卧 - 单侧股四头肌放松

12　　见 083 页

泡沫轴 - 仰卧 - 骶骨放松

自行车

自行车运动对我们的心肺功能有一定的要求，在进行自行车运动后要注意伸展紧张的区域和加强核心力量，避免形成圆肩或造成腿部肌肉紧张。

1 　见 100 页
泡沫轴 – 坐姿 – 足底放松

2 　见 073 页
泡沫轴 – 竖脊肌放松 1

8 　见 097 页
泡沫轴 – 仰卧 – 单侧腘绳肌放松

7 　见 092 页
泡沫轴 – 侧卧 – 单侧髂胫束放松

9 　见 086 页
泡沫轴 – 仰卧 – 手脚复合练习

10 　见 091 页
泡沫轴 – 仰卧 – 单侧臀部
肌群放松

3   见 101 页

    泡沫轴－坐姿－足侧放松

4   见 094 页

    泡沫轴－俯卧－单侧大腿内侧放松

6   见 095 页

    泡沫轴－俯卧－单侧股四头肌放松

5   见 093 页

    泡沫轴－单侧小腿放松

11   见 083 页

    泡沫轴－仰卧－骶骨放松

橄榄球

橄榄球是一项激烈的对抗性运动，该运动更专注于力量。为了能更好地发挥身体的肌肉力量，我们需要进行一些拉伸动作来提升肌肉的柔韧性，同时还可以减小受伤的可能性。

1　见 100 页

泡沫轴 – 坐姿 – 足底放松

2　见 056 页

泡沫轴 – 单侧前臂屈肌放松

8　见 095 页

泡沫轴 – 俯卧 – 单侧股四头肌放松

7　见 097 页

泡沫轴 – 仰卧 – 单侧腘绳肌放松

9　见 093 页

泡沫轴 – 单侧小腿放松

10　见 063 页

泡沫轴 – 仰卧 – 肩胛放松

3 见 094 页

泡沫轴 - 俯卧 - 单侧大腿内侧放松

4 见 101 页

泡沫轴 - 坐姿 - 足侧放松

6 见 092 页

泡沫轴 - 侧卧 - 单侧髂胫束放松

5 见 057 页

泡沫轴 - 俯卧 - 单侧肱二头肌放松

11 见 064 页

泡沫轴 - 仰卧 - 颈部放松

高尔夫球

很多人认为打高尔夫球不需要进行力量和柔韧性等身体素质训练，然而，事实并非如此。当你每回合挥杆多次时，你的背部就会受到牵拉。只有具备好的身体素质，你才能稳定发挥，高效挥杆。这个计划专注于训练核心稳定性和肌肉的基本放松。

1 见 086 页
泡沫轴 – 仰卧 – 手脚复合练习

2 见 063 页
泡沫轴 – 仰卧 – 肩胛放松

8 见 072 页
泡沫轴 – 仰卧 – 下背部放松

7 见 095 页
泡沫轴 – 俯卧 – 单侧股四头肌放松

9 见 093 页
泡沫轴 – 单侧小腿放松

10 见 096 页
泡沫轴 – 胫骨前肌放松

3 见 064 页

泡沫轴 - 仰卧 - 颈部放松

4 见 084 页

泡沫轴 - 仰卧 - 静力平衡 - 闭眼

6 见 097 页

泡沫轴 - 仰卧 - 单侧腘绳肌放松

5 见 092 页

泡沫轴 - 侧卧 - 单侧髂胫束放松

11 见 094 页

泡沫轴 - 俯卧 - 单侧大腿内侧放松

赛艇 / 皮划艇

赛艇、皮划艇这类运动会给人的肩部和胸部区域造成很大的压力，所以需要在运动前后应进行针对性训练，改善肩部和胸部肌肉的张力和柔韧性，以避免受伤。

1 见 086 页
泡沫轴 – 仰卧 – 手脚复合练习

2 见 063 页
泡沫轴 – 仰卧 – 肩胛放松

8 见 072 页
泡沫轴 – 仰卧 – 下背部放松

7 见 095 页
泡沫轴 – 俯卧 – 单侧股四头肌放松

9 见 080 页
泡沫轴 – 侧卧 – 单侧腰部放松

10 见 096 页
泡沫轴 – 胫骨前肌放松

3 见 064 页
泡沫轴 – 仰卧 – 颈部放松

4 见 094 页
泡沫轴 – 俯卧 – 单侧大腿内侧放松

6 见 097 页
泡沫轴 – 仰卧 – 单侧腘绳肌放松

5 见 092 页
泡沫轴 – 侧卧 – 单侧髂胫束放松

11 见 069 页
泡沫轴 – 侧卧 – 单侧背阔肌放松

12 见 070 页
泡沫轴 – 俯卧 – 下背部拉伸

滑雪

　　滑雪是冬日的一项热门运动，但很多人都不知道在滑雪前应该热身，以避免在运动过程中受伤。这个计划注重训练身体的平衡力、腿部力量和下肢的柔韧性，可以作为滑雪前的热身。

1　见 100 页
泡沫轴 – 坐姿 – 足底放松

2　见 073 页
泡沫轴 – 竖脊肌放松 1

8　见 097 页
泡沫轴 – 仰卧 – 单侧腘绳肌放松

7　见 092 页
泡沫轴 – 侧卧 – 单侧髂胫束放松

9　见 096 页
泡沫轴 – 胫骨前肌放松

10　见 091 页
泡沫轴 – 仰卧 – 单侧臀部
肌群放松

3 见 101 页

泡沫轴 – 坐姿 – 足侧放松

4 见 094 页

泡沫轴 – 俯卧 – 单侧大腿内侧放松

6 见 072 页

泡沫轴 – 仰卧 – 下背部放松

5 见 093 页

泡沫轴 – 单侧小腿放松

11 见 083 页

泡沫轴 – 仰卧 – 骶骨放松

12 见 063 页

泡沫轴 – 仰卧 – 肩胛放松

游泳 / 冲浪

　　很多人在经历一整天的游泳或冲浪后，身体会产生疲惫感，尤其是双肩肌肉会出现紧张、疼痛。此时需要对手臂肌肉进行拉伸与放松，同时锻炼身体核心和平衡力。

1 见 086 页

泡沫轴 - 仰卧 - 手脚复合练习

2 见 063 页

泡沫轴 - 仰卧 - 肩胛放松

8 见 072 页

泡沫轴 - 仰卧 - 下背部放松

7 见 095 页

泡沫轴 - 俯卧 - 单侧股四头肌放松

9 见 057 页

泡沫轴 - 俯卧 - 单侧肱二头肌放松

10 见 069 页

泡沫轴 - 侧卧 - 单侧背阔肌放松

3 见 064 页

泡沫轴 - 仰卧 - 颈部放松

4 见 094 页

泡沫轴 - 俯卧 - 单侧大腿内侧放松

6 见 097 页

泡沫轴 - 仰卧 - 单侧腘绳肌放松

5 见 092 页

泡沫轴 - 侧卧 - 单侧髂胫束放松

11 见 096 页

泡沫轴 - 胫骨前肌放松

12 见 070 页

泡沫轴 - 俯卧 - 下背部拉伸

网球 / 回力球

　　网球和回力球是一种快节奏的运动，运动过程中很容易发生关节损伤。在运动前，我们应该适当地拉伸和锻炼特定肌肉，让身体为打球做好准备。这个计划会帮助我们在球场上发挥得更好，并有助于预防关节损伤。

1 见 086 页
泡沫轴 – 仰卧 – 手脚复合练习

2 见 063 页
泡沫轴 – 仰卧 – 肩胛放松

8 见 072 页
泡沫轴 – 仰卧 – 下背部放松

7 见 095 页
泡沫轴 – 俯卧 – 单侧股四头肌放松

9 见 093 页
泡沫轴 – 单侧小腿放松

10 见 096 页
泡沫轴 – 胫骨前肌放松

3 见 064 页

泡沫轴 - 仰卧 - 颈部放松

4 见 094 页

泡沫轴 - 俯卧 - 单侧大腿内侧放松

6 见 069 页

泡沫轴 - 侧卧 - 单侧背阔肌放松

5 见 070 页

泡沫轴 - 俯卧 - 下背部拉伸

11 见 057 页

泡沫轴 - 俯卧 - 单侧肱二头肌放松

12 见 080 页

泡沫轴 - 侧卧 - 单侧腰部放松

交叉训练放松计划

　　交叉训练是一项在跑步之外穿插其他运动的训练方式，包括力量训练、有氧训练和灵活性训练，意在提升身体的整体能力，补充跑步之外身体需要具备的机能属性。以下是一套交叉训练放松计划，它有助于放松训练后的肌肉和关节，加快身体恢复。

1 见 093 页
泡沫轴 – 单侧小腿放松

2 见 092 页
泡沫轴 – 侧卧 – 单侧髂胫束放松

8 见 068 页
泡沫轴 – 胸椎旋转

7 见 083 页
泡沫轴 – 仰卧 – 骶骨放松

9 见 072 页
泡沫轴 – 仰卧 – 下背部放松

10 见 069 页
泡沫轴 – 侧卧 – 单侧背阔肌放松

3 见 095 页
泡沫轴 – 俯卧 – 单侧股四头肌放松

4 见 096 页
泡沫轴 – 胫骨前肌放松

6 见 098 页
泡沫轴 – 仰卧 – 单腿蹬

5 见 097 页
泡沫轴 – 仰卧 – 单侧腘绳肌放松

11 见 071 页
泡沫轴 – 仰卧 – 上背部放松

12 见 070 页
泡沫轴 – 俯卧 – 下背部拉伸

03

泡沫轴训练动作

上肢放松

上肢肌肉紧张的表现

我们每天都会用上肢进行提、拉和抬等一系列动作，但过度运用上肢会使上肢肌肉（见图3-1、图3-2）过于疲劳，出现肌肉紧张的情况。

上肢肌肉紧张表现为肌肉无力、疲劳，关节活动范围受限，肌肉持续性疼痛和酸胀等。长期重复特定动作是造成上肢肌肉紧张的常见原因。

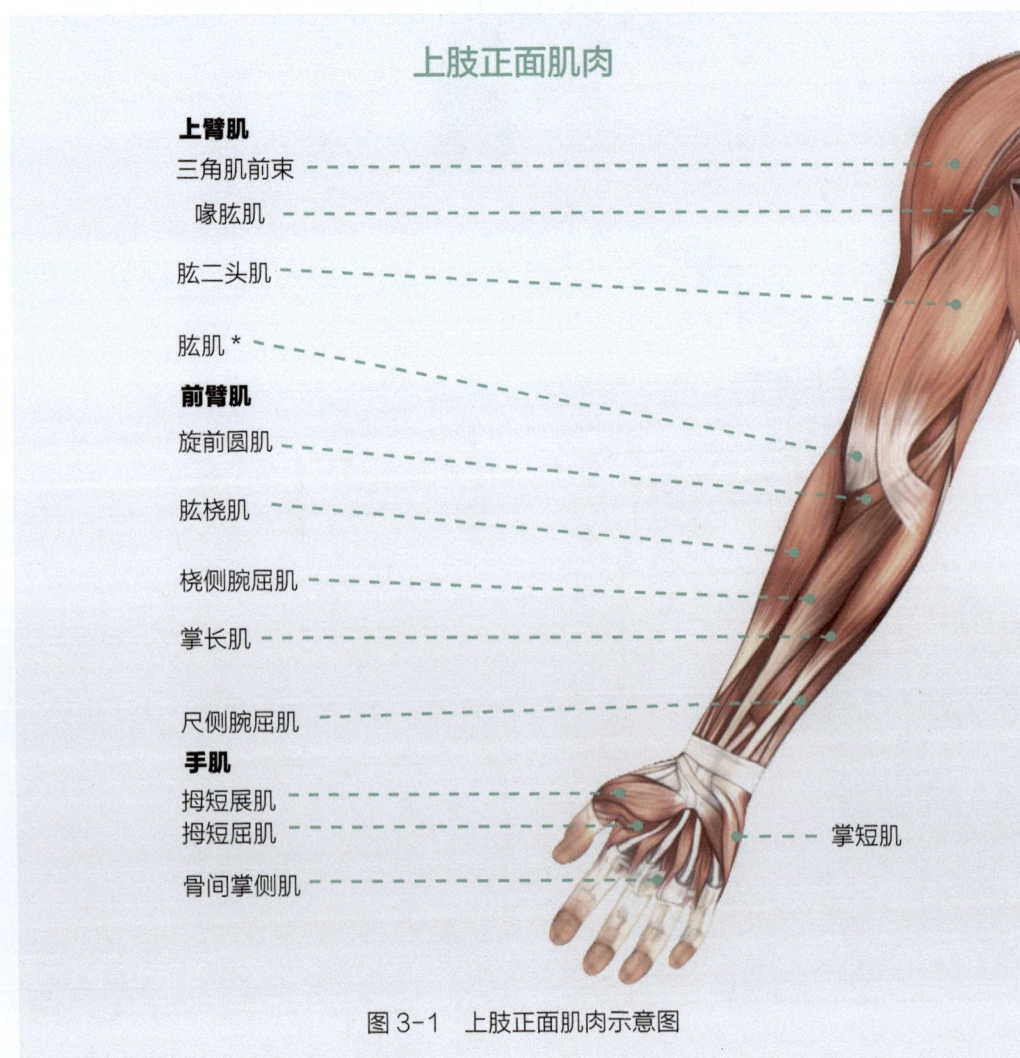

上肢正面肌肉

上臂肌
三角肌前束
喙肱肌
肱二头肌
肱肌 *

前臂肌
旋前圆肌
肱桡肌
桡侧腕屈肌
掌长肌
尺侧腕屈肌

手肌
拇短展肌
拇短屈肌
骨间掌侧肌

掌短肌

图 3-1　上肢正面肌肉示意图

注释: 深层肌肉用 "*" 标注表示，后同。

上肢背面肌肉

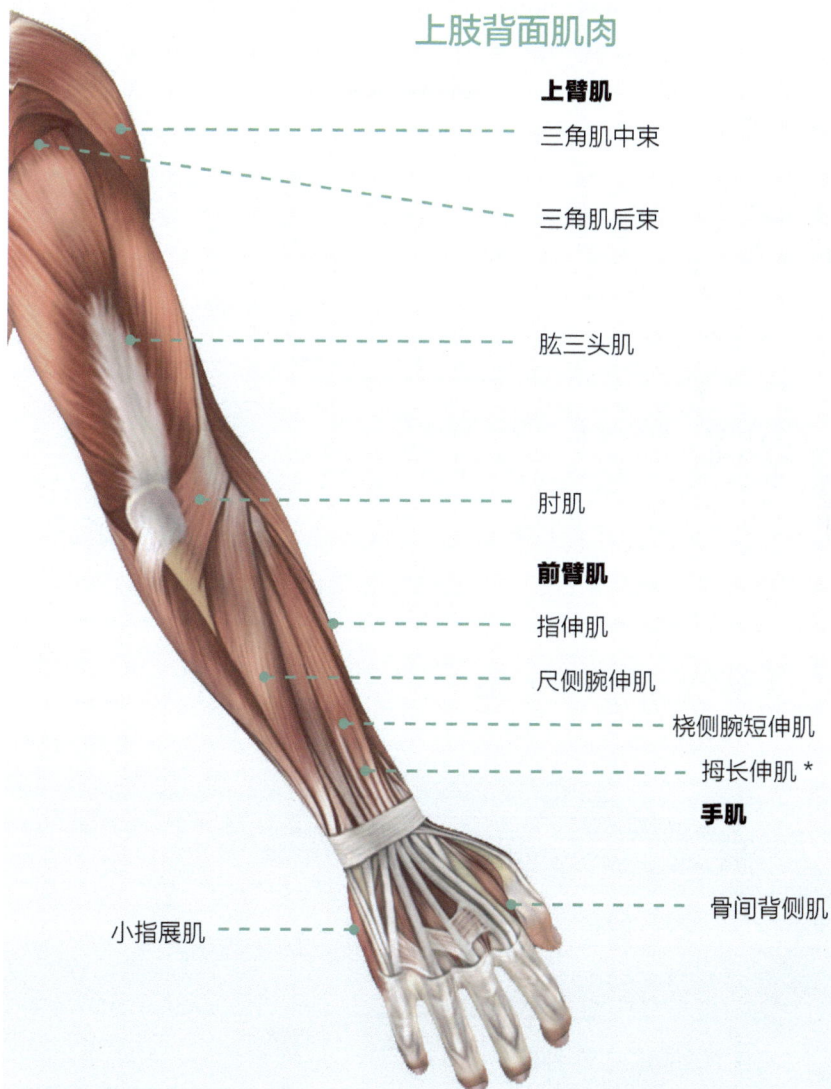

上臂肌

三角肌中束

三角肌后束

肱三头肌

肘肌

前臂肌

指伸肌

尺侧腕伸肌

桡侧腕短伸肌

拇长伸肌 *

手肌

小指展肌

骨间背侧肌

图 3-2　上肢背面肌肉示意图

肘关节属于复合关节，由共同包在一个关节囊内的肱尺关节、肱桡关节和桡尺近侧关节构成。它的活动范围受多个因素限制。但是，肘伸肌的紧绷和肘屈肌的力量，以及关节囊韧带、桡侧副韧带和尺侧副韧带后侧部分的柔韧性（见图 3-3），也控制着肘关节的活动范围，可通过拉伸来提高关节灵活性。

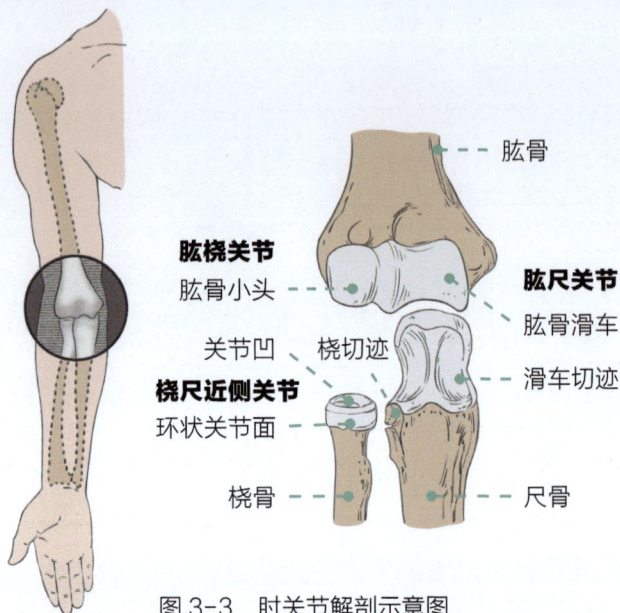

肱桡关节
肱骨小头
关节凹　　桡切迹
桡尺近侧关节
环状关节面
桡骨

肱骨

肱尺关节
肱骨滑车
滑车切迹
尺骨

图 3-3　肘关节解剖示意图

手腕弯曲、手腕伸展、手桡侧倾和手尺侧倾的范围，都会受收缩肌肉的力量、拮抗肌的柔韧性、背侧韧带和掌侧韧带的紧张性的影响，以及手腕撞击综合征（仅手尺侧倾）的限制。除了手腕撞击综合征，其余因素都可以通过拉伸练习改善（见图 3-4）。

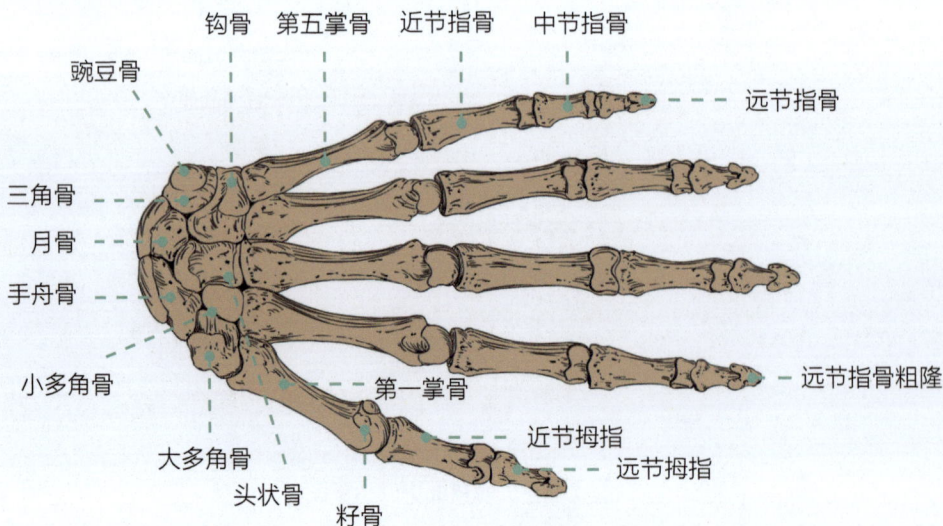

钩骨　第五掌骨　近节指骨　中节指骨
豌豆骨
远节指骨
三角骨
月骨
手舟骨
小多角骨
第一掌骨
大多角骨
头状骨
籽骨
近节拇指
远节拇指
远节指骨粗隆

图 3-4　手掌及手腕解剖示意图

造成上肢肌肉紧张的原因与危害

在运动的过程中，如果上肢的运动量过大，就会出现肌肉疲劳的情况。当上肢肌肉受凉，或者在肌肉扭伤错位后反复进行牵拉，又或者人体自身的免疫系统出现紊乱等，都有可能造成上肢肌肉的紧张。持续劳损和肌肉急性扭伤是造成上肢肌肉酸胀的常见原因。持续劳损是指肌肉活动过多或固定姿势下肌肉持续紧张，这会导致肌肉紧绷、肌纤维充血水肿，使乳酸等代谢产物堆积，甚至还会引起部分肌纤维变性、坏死、纤维化。肌肉急性扭伤通常是因为肌肉收缩的负荷过大或被过度牵拉，严重的会导致肌肉撕裂或断裂。

上肢肌肉放松的重要性

上肢肌肉是大家经常训练的部位，而长时间的训练很容易造成肌肉酸痛。上肢肌肉的锻炼并不只在于力量，在力量训练过后，还要注重肌肉的修复和放松。肌肉在训练时会产生乳酸等代谢产物，在结束训练后要及时对肌肉进行适当拉伸，加速代谢乳酸等代谢产物，加快肌肉的修复速度。上肢肌肉的放松可以采取拉伸的方式，也可以利用泡沫轴对肌肉酸痛点进行按压，还可以进行推拿按摩。

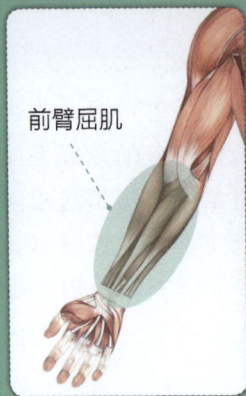

泡沫轴—单侧前臂屈肌放松

前臂屈肌起于上臂下方末端，穿过肘关节内侧，经过前臂手腕与手掌前侧的位置，最后它们形成肌腱延伸至手指。

这些肌肉共同作用，负责向手掌方向弯曲手腕和手指。它们也在各自的指关节处单独活动，以弯曲每一根手指。

前臂屈肌

训练目标 · 柔韧性

目标肌肉 · 前臂屈肌

扫一扫 看视频

1 躯干向前俯卧，腕关节压在泡沫轴上

将泡沫轴置于垫上，身体呈跪坐姿势，躯干向前俯卧，一侧手臂的腕关节压于泡沫轴上，另一侧手臂向内屈曲，用前臂支撑身体。

2 泡沫轴上的手臂前后移动，带动泡沫轴前后滚动

泡沫轴上的手臂前后移动，使泡沫轴在前臂屈肌处滚动。回到起始位置，重复规定的次数。另一侧腕关节压轴时也是同样的动作要求。

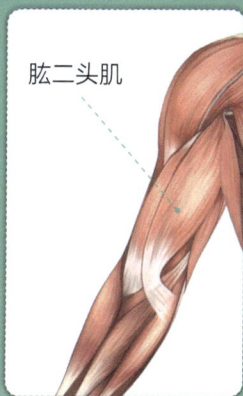

肱二头肌

泡沫轴—俯卧—单侧肱二头肌放松

肱二头肌位于上臂的前侧，它有两个头，分别起于肩胛骨的不同位置，在上臂中部汇合，并止于桡骨。肱二头肌的功能是屈曲肘关节，向外旋转前臂（旋转使手心朝上）；屈曲肩关节，使手臂向前抬。

训练目标 · 柔韧性

目标肌肉 · 肱二头肌

扫一扫 看视频

1 俯卧，一侧手臂伸展

将泡沫轴置于垫上，身体伸展并俯卧，头部略微抬起，保持胸部以下位置接触垫子。一侧手臂向外伸展，使肱二头肌压于泡沫轴上，另一侧手臂向前屈曲，用手掌支撑身体，腿部伸展。

2 躯干左右移动，带动泡沫轴滚动

躯干左右移动，使泡沫轴在肱二头肌处滚动。回到起始位置，重复规定的次数。另一侧肱二头肌压轴时也是同样的动作要求。

泡沫轴—侧卧—单侧肱三头肌放松

肱三头肌位于上臂后侧位置，它有 3 个头，分别起于肩胛骨盂下结节、肱骨体后面桡神经沟外上方、肱骨体后面桡神经沟内下方，是使肘关节伸直的主要肌肉。

训练目标 · 柔韧性 · 灵活性

目标肌肉 · 肱三头肌

扫一扫 看视频

1 使肩关节内侧压于泡沫轴上

将泡沫轴置于垫上，侧卧。侧卧面手臂屈曲，使肩关节内侧压于泡沫轴上，用手掌扶住头部，另一侧手臂向前屈曲，用手掌支撑身体；侧卧面腿部伸展，另一侧腿部屈曲，置于后侧，用脚支撑身体。

2 躯干来回移动，带动泡沫轴滚动

躯干来回移动，使泡沫轴在肱三头肌处滚动。回到起始位置，重复规定的次数。另一侧肩关节压轴时也是同样的动作要求。

肩颈放松

肩颈肌肉紧张的表现

　　长期保持不良的发力习惯和坐姿等，都会造成肩颈部位斜方肌的紧张。

　　经常伏案工作的人会有脖子两侧肩颈部位肌肉（见图3-5、图3-6）酸胀、疲劳的症状，这其实就是斜方肌上部紧张的表现之一。斜方肌的长期紧张还可能造成斜方肌肿大、肩膀部位变厚，从而影响肩颈的形态。

肩颈正面肌肉

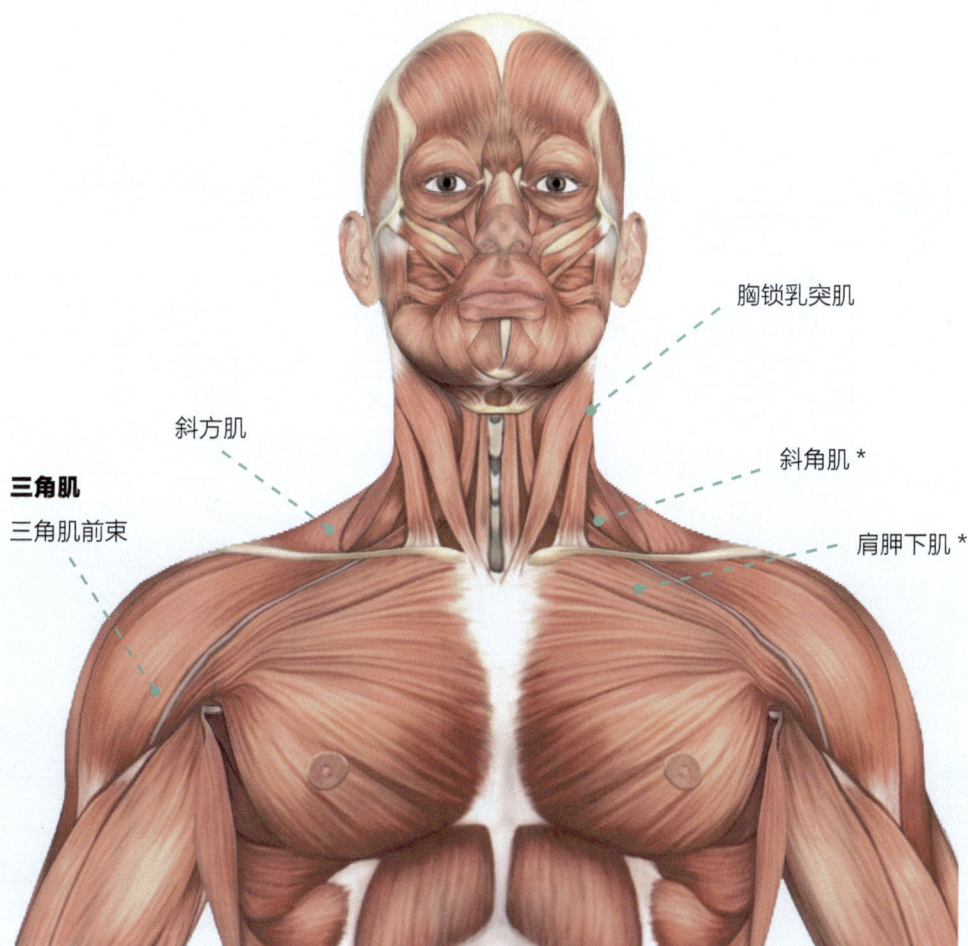

胸锁乳突肌

斜方肌

斜角肌 *

三角肌

肩胛下肌 *

三角肌前束

图 3-5　肩颈正面肌肉示意图

肩颈背面肌肉

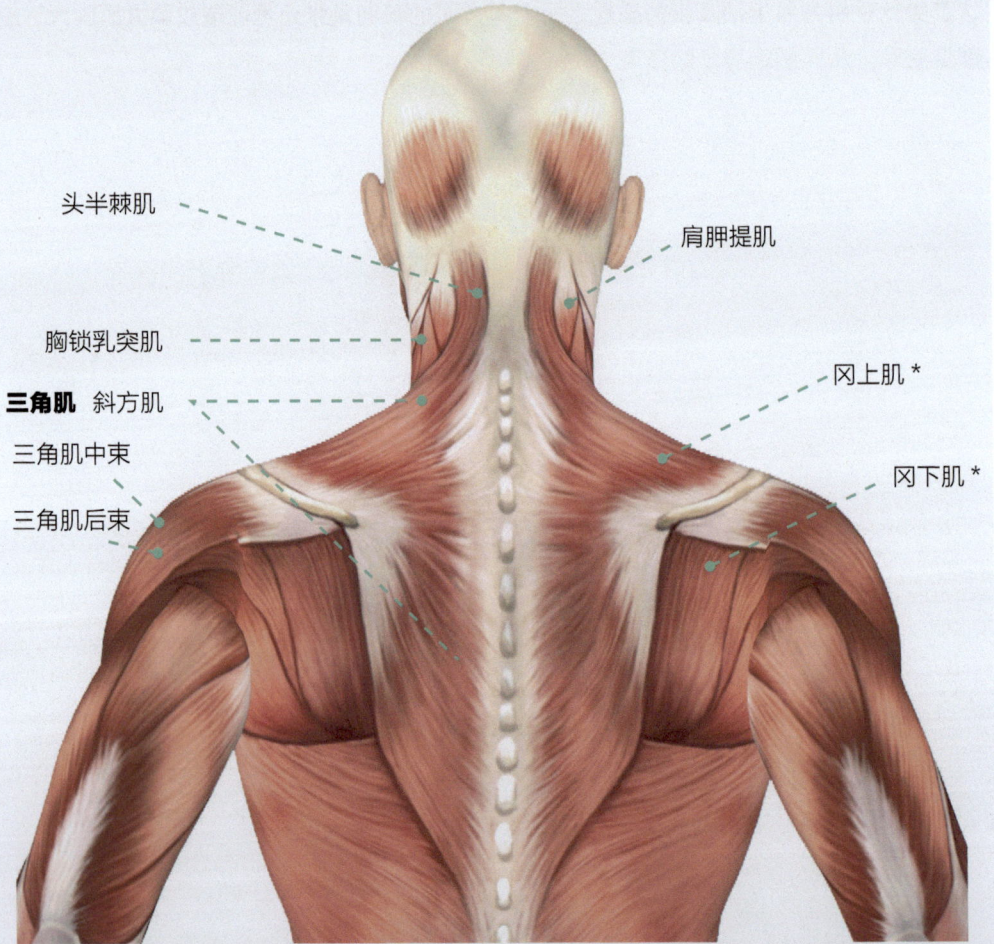

头半棘肌

肩胛提肌

胸锁乳突肌

三角肌 斜方肌

冈上肌 *

三角肌中束

三角肌后束

冈下肌 *

图 3-6　肩颈背面肌肉示意图

肩颈部的主要关节

肩关节（见图 3-7）的关节面由肱骨头与肩胛骨的关节盂构成，关节盂中关节囊薄而松弛，关节腔较大。肩关节也称盂肱关节，它是一种典型的球窝关节，能够绕 3 个相互垂直的基本轴进行运动：绕额状轴做屈、伸运动，如两臂前平举动作；绕矢状轴做内收、外展运动，如两臂侧平举动作；绕垂直轴做旋内、旋外运动，如掰手腕动作。此外，肩关节还可做环转运动。

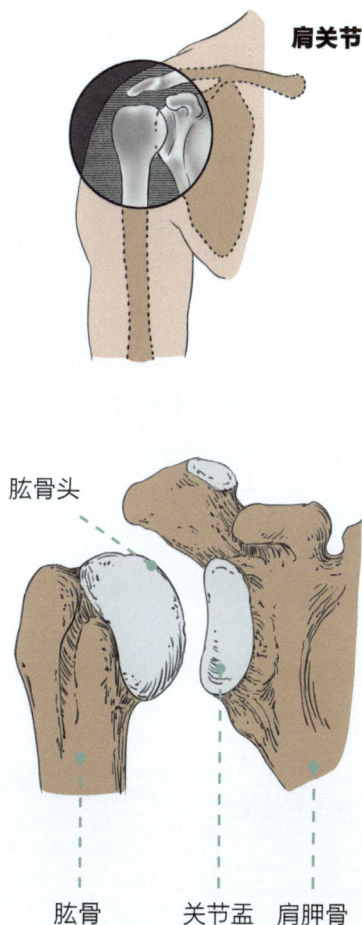

图 3-7 肩关节解剖示意图

颈椎（见图 3-8）指的是位于头与胸椎部位的脊椎骨，共 7 块，由韧带与椎间盘相连，呈前凸状。颈椎的椎体呈椭圆状，且椎体较小，椎动脉及椎静脉通过横突孔；处于近似水平位置的上关节突与下关节突，可以使颈部灵活转动。

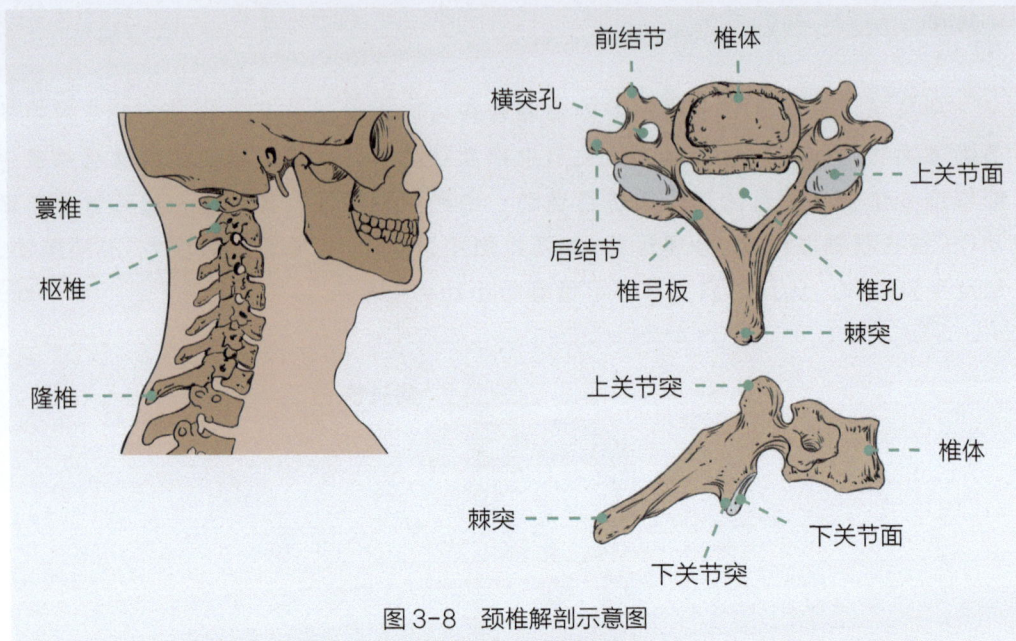

图 3-8　颈椎解剖示意图

前结节　椎体
横突孔
上关节面
后结节
椎弓板　椎孔
棘突
上关节突
椎体
棘突
下关节面
下关节突
寰椎
枢椎
隆椎

造成肩颈肌肉紧张的原因与危害

　　肩颈肌肉紧张多是由长时间的低头或者不良的坐姿、躺姿造成的。长时间的低头或保持不良坐姿会改变附着在骨骼上的肌肉、肌腱、神经、血管的位置和形状，导致常见的颈椎病。不良的躺姿会造成颈椎正常的生理弯曲消失，使得颈部的气血循环不畅，颈部肌肉的肌腱变得僵硬，从而导致肩颈疼痛。常见的姿势为头部过度前倾或向两侧倾斜，导致颈部肌肉紧张和颈部两侧肌肉不均衡，如倚靠在床头或沙发上看电视、玩手机，不良的坐姿和站姿等。

　　肩颈肌肉过于紧张会导致颈椎病，通常会出现头晕、头痛、手臂麻木、记忆力衰退、胸闷、情绪波动大等情况，严重的还会诱发骨质增生，所以不能忽视肩颈酸痛。减轻肩颈酸痛的方法是合理地安排运动，改正不良的坐姿、躺姿，还可以通过定期的按摩护理来改善肌肉的僵硬情况，促进肩颈部的血液循环。

肩颈肌肉放松的重要性

　　在日常的工作与学习中，身体的过分倾斜也是引起肩颈酸痛的原因之一。投掷类运动、游泳、击打等一些需要上肢持续发力及活动的运动，都有可能引起肩颈酸痛，这个时候我们就需要对肩颈肌肉进行合理的拉伸。当我们上抬手臂感觉肩颈肌肉紧张的时候，就需要经常放松和拉伸肩颈肌肉来帮助解除疲劳、修复损伤。

泡沫轴—仰卧—肩胛放松

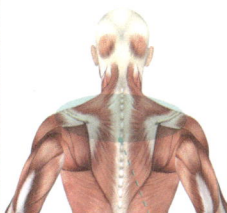

斜方肌呈三角形，起于枕外隆凸、项韧带和全部胸椎的棘突，止于锁骨外三分之一、肩峰和肩胛冈。菱形肌起于第6–7颈椎和第1–4胸椎的棘突，止于肩胛骨的内侧缘。斜方肌和菱形肌均可以使肩胛骨后缩、脊柱后伸，对肩胛骨的运动和稳定起着极其重要的作用。

肩胛周围肌群

训练目标 · 柔韧性

目标肌肉 · 肩胛周围肌群

扫一扫 看视频

① **双脚支撑不动，核心收紧**

将泡沫轴置于垫上，仰卧，双臂向外伸展，脊柱压于泡沫轴上。双膝屈曲，双脚支撑身体，核心收紧。

② **躯干在泡沫轴上左右缓慢移动**

躯干在泡沫轴上左右移动，使泡沫轴在脊柱两侧的肩胛骨之间滚动。回到起始位置，重复规定的次数。

泡沫轴—仰卧—颈部放松

颈后肌群

颈后肌群包括斜方肌、菱形肌、夹肌（包括头夹肌和颈夹肌）、竖脊肌、半棘肌、回旋肌和多裂肌等。颈后肌群的功能大多为使颈椎伸展（仰头）、旋转、侧倾，以及使肩胛骨运动。

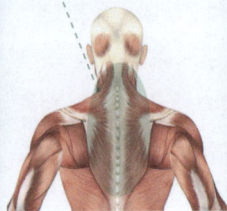

训练目标 · 灵活性

目标肌肉 · 颈后肌群

扫一扫 看视频

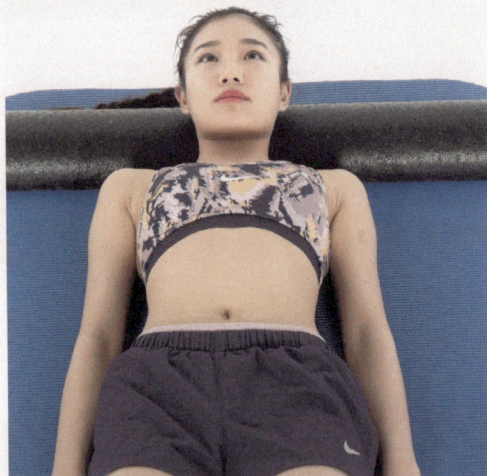

① **后脑放在泡沫轴上**

将泡沫轴置于垫上，身体伸展呈仰卧姿势，双臂伸展于体侧，后脑放在泡沫轴上。

② **缓慢向右转头，缓慢向左转头**

头部向一侧转动约 45 度，回到起始位置，再向另一侧转动约 45 度。回到起始位置，重复规定的次数。

背部放松

背部肌肉紧张的表现

　　长期伏案工作、久坐、长时间驾车等不健康的生活方式，都是造成背部肌肉（见图 3-9）紧张的原因。一旦背部肌肉紧张，便会给身体带来众多伤害，如后背疼痛、阻碍活动。长期久坐人群、力量训练人群、搬重物的劳动者、弯腰工作人群（如带小孩的妈妈，需要经常弯腰抱起宝宝），都会有背部肌肉紧张的症状，必须经常进行拉伸训练，来缓解背部肌肉的紧张。

背部肌肉

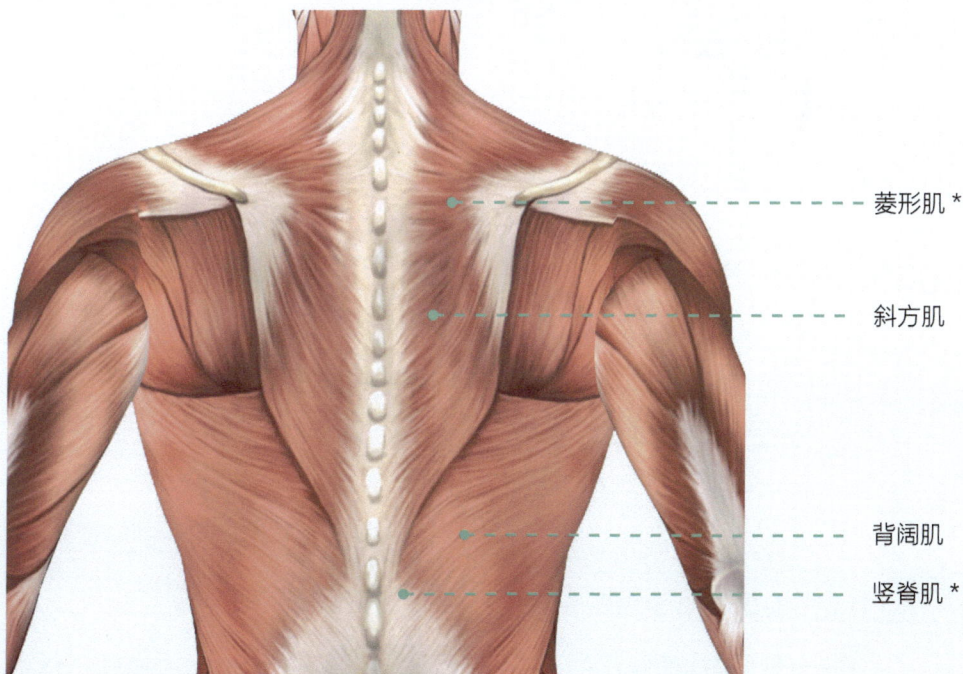

菱形肌 *

斜方肌

背阔肌

竖脊肌 *

图 3-9　背部肌肉示意图

脊柱处于稳定、良好的状态，是形成自然姿势的前提。我们的脊柱是由 24 块椎骨、1 块骶骨和 1 块尾骨，以及连接它们的椎间盘、韧带和关节等构成的柱状结构。

从正面观察脊柱，可以看到脊柱椎骨的宽度自上向下呈逐渐增大的趋势，这和脊柱承受的重力有关。但自骶椎向下，椎骨急速变窄，这是由于重力经髋骨传向下肢骨，椎骨已无须承重，体积也逐渐缩小（见图 3-10）。

从侧面观察脊柱，可以看到脊柱有颈曲、胸曲、腰曲和骶曲 4 个生理性弯曲（见图 3-11）。其中颈曲和腰曲的姿态是向前凸出，而胸曲和骶曲则是向后凸。整个脊柱都由众多小肌肉包裹着。除了脊柱的顶部，每节椎骨之间都由椎间盘相连。椎间盘的作用是缓冲，与跑鞋一样，它们是吸收力和震动的缓冲器。

脊柱的 4 个生理性弯曲的意义在于：颈曲支持头的抬起；腰曲将身体重心后移，保持身体稳固的直立姿势；而胸曲和骶曲则是扩大胸腔和盆腔的容积。

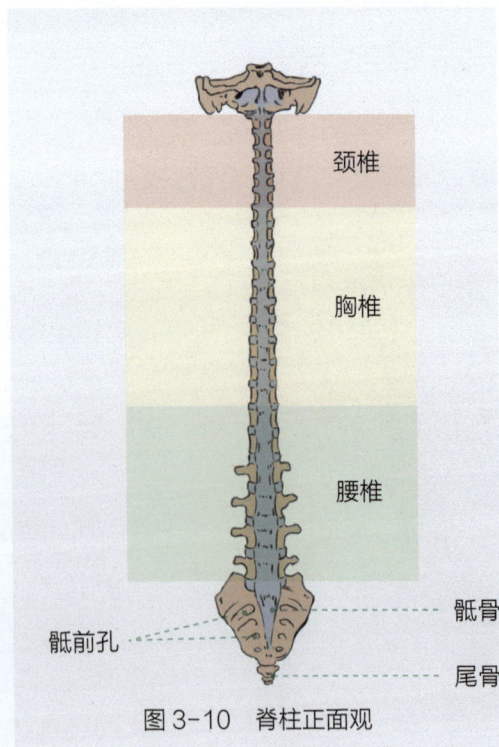

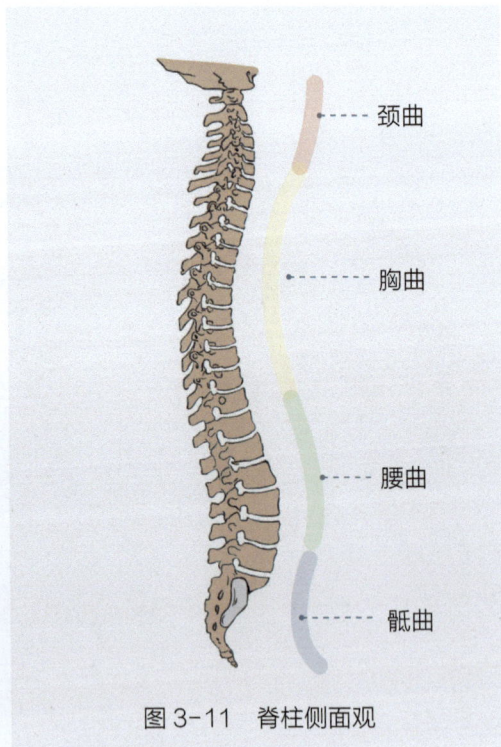

图 3-10　脊柱正面观

图 3-11　脊柱侧面观

造成背部肌肉紧张的原因与危害

造成背部肌肉紧张的原因有很多，最常见的是习惯问题。例如，长期弓背，菱形肌长期被拉长而紧张；肌肉废用，导致肌肉疼痛、收紧而紧张。背部肌肉的紧张不只是背部肌肉本身的问题，颈椎病会造成颈丛神经卡压，引起肩胛背神经疼痛而导致肌肉紧张，斜角肌中束卡压肩胛背神经也会导致背部疼痛，这种由神经问题造成的肌肉紧张，必须先诊断出导致疼痛的原因。

背部肌肉放松的重要性

背部肌肉在控制身体平衡中起着重要作用，所以需要在日常生活中进行针对背部的训练；只有背部的肌肉更加强健，才能更好地保护脊柱。

训练过程中，大量的负荷会使背部肌肉处于收缩、紧张状态。拉伸能够有效缓解肌肉紧张、放松肌肉，从而可以预防运动损伤。

胸椎周围肌群

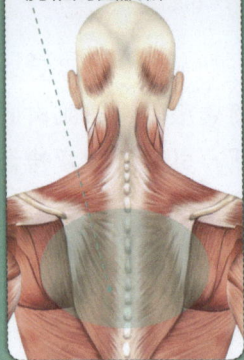

泡沫轴—胸椎旋转

只有胸椎具备良好的关节活动范围，我们才能在运动中做出流畅、正确的动作。背阔肌、竖脊肌、多裂肌和腰方肌等肌肉的紧绷或筋膜限制，都会影响胸椎的关节活动度。

训练目标 · 灵活性

目标肌肉 · 胸椎周围肌群

扫一扫 看视频

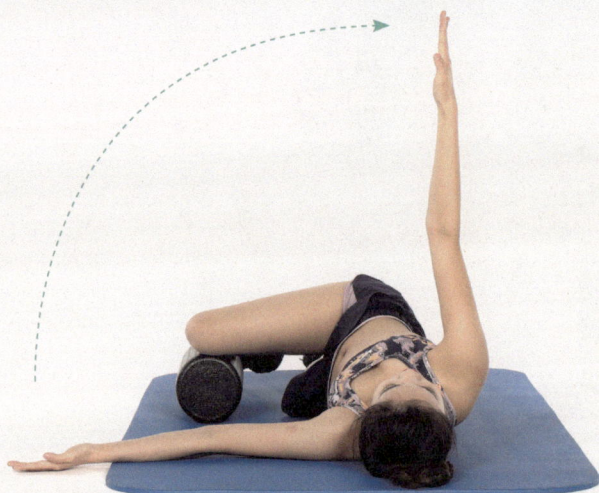

1 **下肢压在泡沫轴上**

将泡沫轴置于垫上，侧卧，双臂向侧卧面伸展，双手交叠，下侧腿部伸展，上侧腿部屈曲，压于泡沫轴上。身体向后转动约 45 度，上侧手臂随之向后伸展。

2 **身体转动时下肢保持压在泡沫轴上不动**

身体继续向后转动，尽量使上侧手臂完全接触后侧地面。回到起始位置，重复规定的次数。另一侧腿部压轴时也是同样的动作要求。

068

泡沫轴—侧卧—单侧背阔肌放松

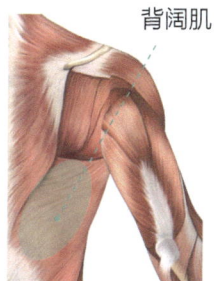

背阔肌位于腰背部和胸部后外侧皮下，为全身最大的阔肌，呈直角三角形。背阔肌能够移动手臂，影响躯干和脊柱。背阔肌可以辅助躯干侧屈。臂部固定时，背阔肌能辅助脊柱伸展和使骨盆前倾。

背阔肌

训练目标 · 稳定性 · 柔韧性

目标肌肉 · 背阔肌

扫一扫 看视频

1 **肩关节内侧压在泡沫轴上**

将泡沫轴置于垫上，身体呈侧卧姿势。侧卧面的手臂向头顶方向伸展，使肩关节内侧压于泡沫轴上，另一侧手臂向前屈曲，用手掌支撑身体；侧卧面的腿部伸展，另一侧腿部屈曲，置于前侧，用脚支撑身体。

2 **身体在泡沫轴上方来回滚动**

身体向前转动约 45 度，回到起始位置，再向后转动约 45 度按压背阔肌。回到起始位置，重复规定的次数。另一侧的肩关节内侧压轴时也是同样的动作要求。

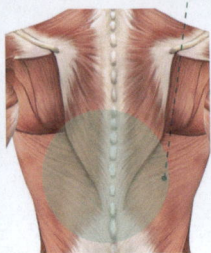

泡沫轴—俯卧—下背部拉伸

下背部肌群主要由竖脊肌、背阔肌组成。竖脊肌位于背部深层全部椎骨棘突两侧，为两条强大的纵行肌肉，收缩时使躯干伸展和颈部伸展，一侧收缩使脊柱侧屈。

训练目标 · 柔韧性

目标肌肉 · 下背部肌群

扫一扫 看视频

1 **臀部坐在脚跟上，掌心朝上放在泡沫轴上**

将泡沫轴置于垫上，臀部坐在脚跟上，躯干向前倾斜，双臂伸展且手背压于泡沫轴上，掌心朝上。

2 **双臂向前伸展，核心收紧，手臂向前伸展带动泡沫轴滚动**

手臂前后移动，使泡沫轴在前臂处滚动，带动躯干向前俯卧和向后回收，拉伸下背部。动作过程中注意核心收紧。回到起始位置，重复规定的次数。

泡沫轴—仰卧—上背部放松

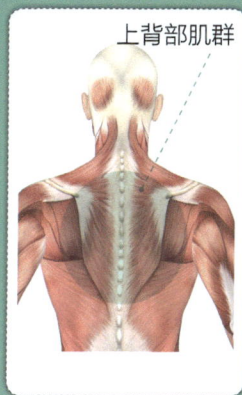

上背部肌群主要由斜方肌、背阔肌和菱形肌组成。斜方肌位于颈部和上背部的浅层。背阔肌为全身最大的阔肌，位于腰背部和胸侧壁。菱形肌是位于肩胛骨之间的深层肌肉。

上背部肌群

训练目标 · 柔韧性

目标肌肉 · 上背部肌群

扫一扫 看视频

① 双脚稳定支撑，上背部压在泡沫轴上

将泡沫轴置于垫上，仰卧，双手扶在脑后，上背部压于泡沫轴上，双腿屈曲，双脚支撑身体。

② 抬起臀部，带动身体前后移动滚动泡沫轴

臀部略微抬起，身体前后移动，使泡沫轴在上背部滚动。回到起始位置，重复规定的次数。

泡沫轴—仰卧—下背部放松

下背部肌群

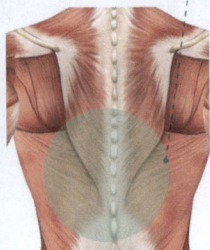

下背部肌群包括浅层的斜方肌、背阔肌和深层的竖脊肌。斜方肌收缩，可使肩胛骨向脊柱靠拢，呈挺胸姿势。斜方肌上部收缩，可上提肩胛骨。背阔肌可使肱骨内收、内旋和后伸，形成背手的姿势。竖脊肌是一对强大的伸脊柱肌。

训练目标 · 柔韧性

目标肌肉 · 下背部肌群

扫一扫 看视频

① **双脚稳定支撑，下背部压在泡沫轴上**

将泡沫轴置于垫上，仰卧，双臂屈曲，双手轻扶头部两侧，下背部压于泡沫轴上，双腿屈曲，双脚支撑身体。

② **伸髋伸膝，带动身体前后移动滚动泡沫轴**

髋部略微抬起，身体前后移动，使泡沫轴在下背部滚动。回到起始位置，重复规定的次数。

泡沫轴—竖脊肌放松 1

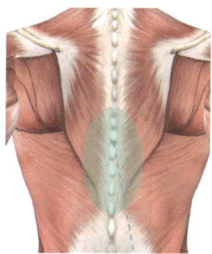

竖脊肌是位于脊椎两侧的肌肉群，由髂肋肌、最长肌以及棘肌组成，从骶骨连接到枕骨。竖脊肌能帮助传导力量，并伸展和稳定脊柱，在它的帮助下，很多动作都能稳定地进行。

竖脊肌 *

| 训练目标 | · 柔韧性 |
| 目标肌肉 | · 竖脊肌 |

扫一扫 看视频

1 核心收紧，保持躯干稳定

靠墙站立，双脚位于身体前侧，身体将泡沫轴压在腰部以上的后背处，双手伸展于体侧，背部挺直，核心收紧。

2 身体滚动泡沫轴

保持挺胸抬头，核心收紧，双手掌心触膝，身体缓慢向下移动，使泡沫轴相对身体向上移动。让泡沫轴在腰部以上、颈部以下来回滚动。回到起始位置，重复规定的次数。

泡沫轴—竖脊肌放松 2

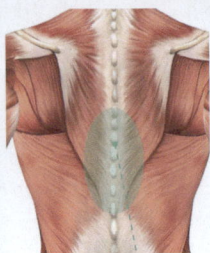

竖脊肌是位于脊椎两侧的肌肉群，由髂肋肌、最长肌以及棘肌组成，从骶骨连接到枕骨。竖脊肌能帮助传导力量，并伸展和稳定脊柱，在它的帮助下，很多动作都能稳定地进行。

竖脊肌 *

训练目标 · 柔韧性

目标肌肉 · 竖脊肌

扫一扫 看视频

1 **核心收紧，保持躯干稳定，躯干垂直于地面**

坐于与膝关节等高的椅子或其他物体上，挺胸抬头，核心收紧，躯干垂直于地面。双脚着地，膝关节屈曲呈 90 度，双臂伸展，双手扶于膝关节上。身后为墙壁或放置的与头顶等高的重物，将泡沫轴置于后背与墙壁或后背与重物之间。

2 **身体滚动泡沫轴**

身体向一侧转动约 45 度，回到起始姿势，再向另一侧转动约 45 度。回到起始位置，重复规定的次数。

腰腹放松

腰腹肌肉紧张的表现

腰腹肌肉（见图3-12、图3-13）的紧张或疼痛有时会影响人的一整天的情绪和生活。大多数人的腰腹肌肉紧张问题是由生活中的不良习惯引起的，如不良的饮食、睡姿、运动方式等，甚至穿戴习惯也有可能影响腰腹肌肉。

腰部肌肉

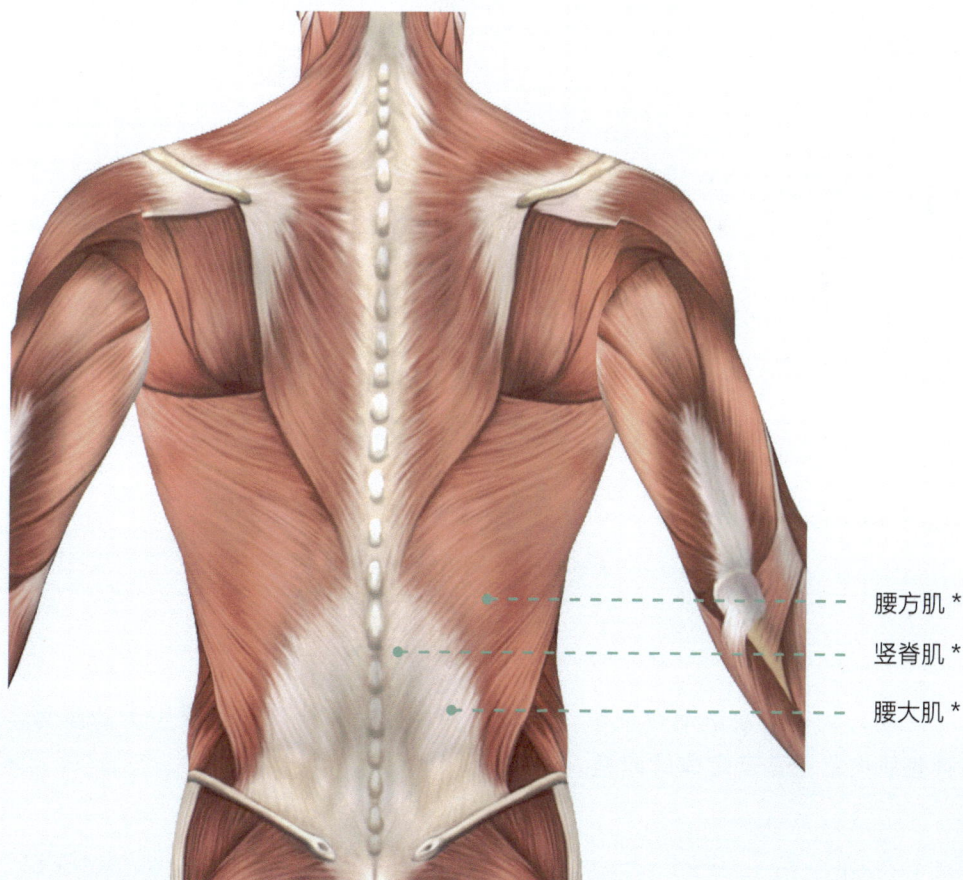

腰方肌 *

竖脊肌 *

腰大肌 *

图3-12　腰部肌肉示意图

长时间的训练和久坐都会导致腰腹肌肉紧绷、僵硬。骨盆的前倾、后倾也会导致腰腹肌肉紧张，时间一久，还可能会引起腰椎生理弯曲异常，并增加腰腹酸痛的概率，对身体健康产生一定的负面影响，所以一定要保持骨盆处于中立位。

腹部肌肉

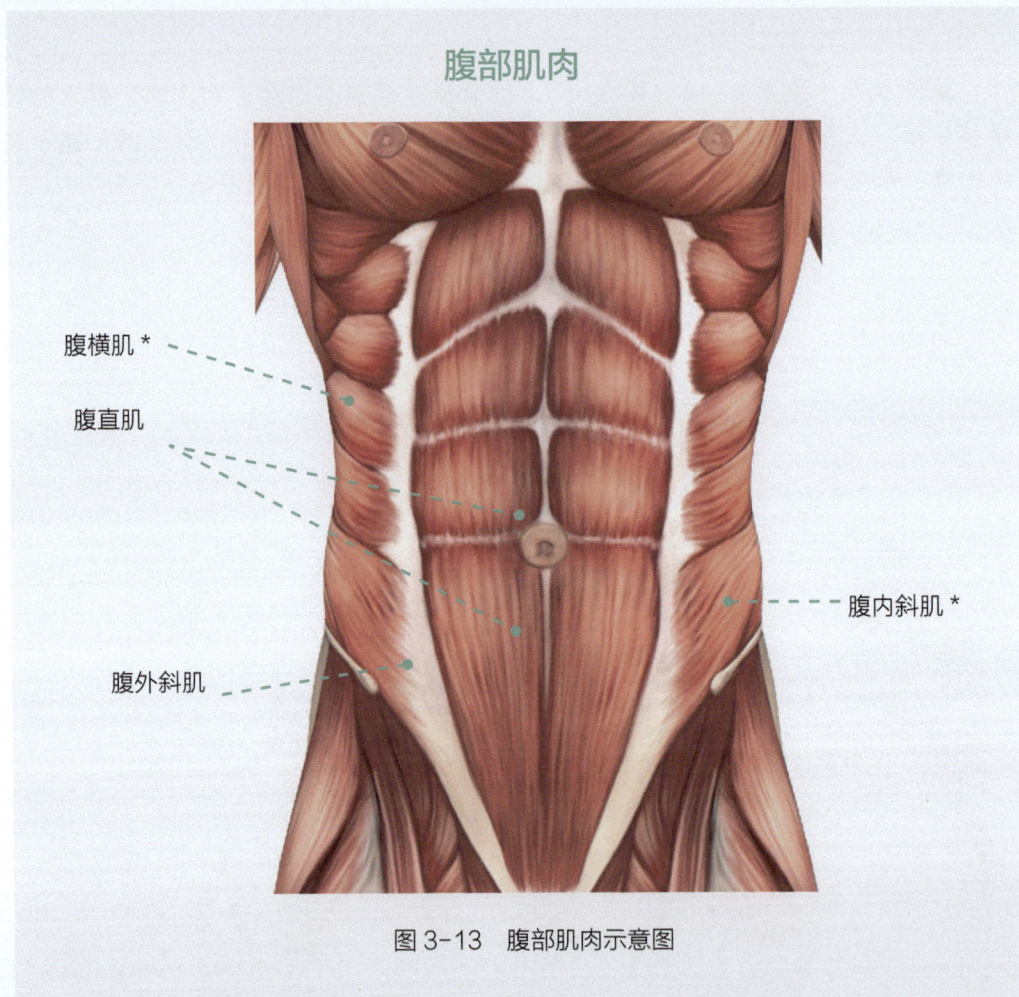

腹横肌 *

腹直肌

腹内斜肌 *

腹外斜肌

图 3-13　腹部肌肉示意图

运动方式不当或运动过度等，会导致脊柱变形，使腰部承受过大的压力，出现腰腹肌肉紧张甚至疼痛的问题。

腰腹部的主要关节

骶骨整体形态呈倒三角形，由 5 块骶椎融合而成，底朝上，与第五腰椎相连接；尖向下，与尾骨相连接。骶骨前面光滑凹陷，后面粗糙隆凸（见图 3-14）。

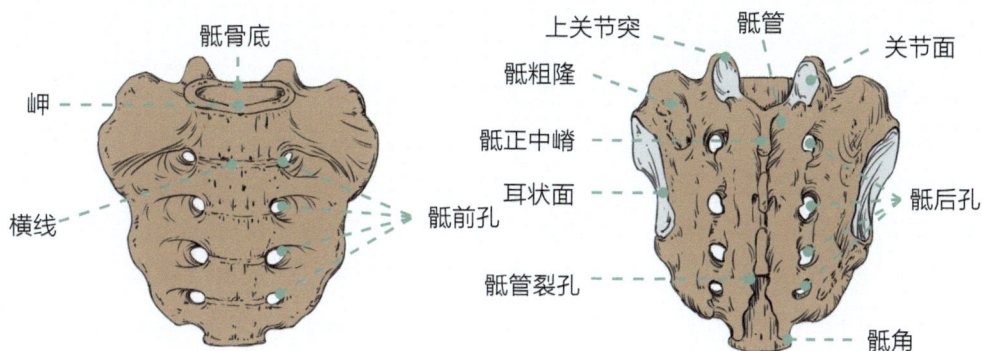

图 3-14 骶骨解剖示意图

腰椎共 5 块，椎体粗大，棘突呈板状，水平向后方。上关节突朝后内侧，关节面下凹；下关节突朝前外侧，关节面上凸。棘突为四方形的骨板，水平向后。横突短而薄，伸向后外方（见图 3-15）。

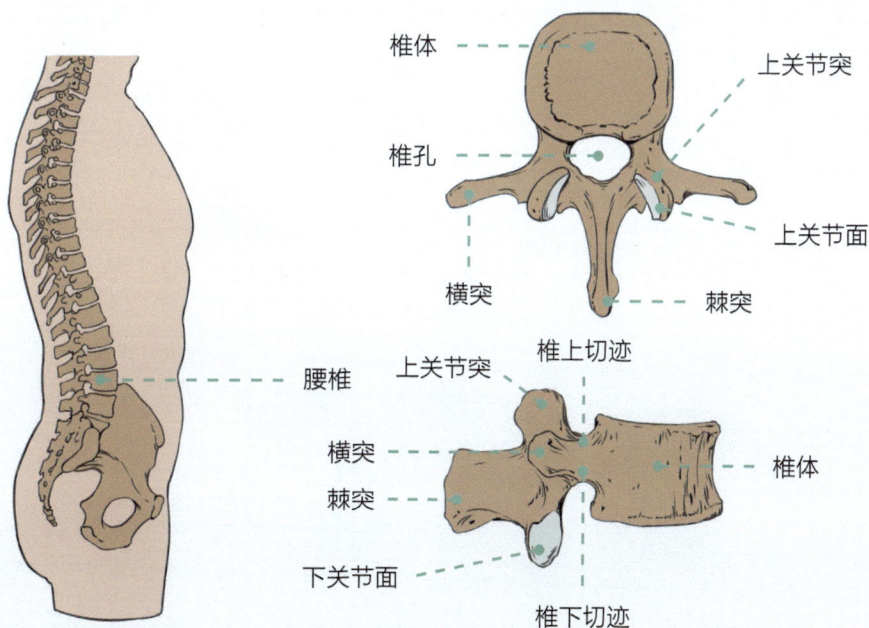

图 3-15 腰椎解剖示意图

造成腰腹肌肉紧张的原因与危害

造成腰腹肌肉紧张的原因有很多。首先是骨盆没有处于中立位，很容易导致肌肉紧张，严重的可能导致腰痛。骨盆前倾和后倾都会导致腰部肌肉紧张，但是导致骨盆位置改变的原因可能是运动模式不对，如工作的模式、站立的模式、走路的模式等。其次是竖脊肌过度紧张导致的腰部肌肉紧张。最后是呼吸模式不正确。通常情况下，呼吸运动应为腹式呼吸：在吸气时腹部向外鼓出，胸廓下部在水平方向增宽，而呼气时腹部下陷，将腹壁拉向脊柱。正确的呼吸模式有助于稳定腰椎，让腰椎处于中立位，使附着在腰椎附近的肌肉处于正常状态，维持正常的肌肉张力。而错误的呼吸模式可能会引起骨盆前倾和腰椎生理弯曲异常，并增加腰背痛的概率，会对身体健康产生一定的负面影响。

腰腹肌肉放松的重要性

腰腹是身体承上启下的部分，对塑造身体的外观起到决定性的作用。在日常锻炼中，有很多动作需要用腰腹肌肉去发力，以此来带动身体。腰腹肌肉对于支撑、保护和稳定脊柱至关重要，良好的腰腹力量更有利于其他运动的进行。腰腹肌肉的放松对于控制身体平衡有着极大的作用，同时腰腹肌肉也很容易受伤，因此需要做好防护，以避免受伤。

肩关节周围肌群

泡沫轴—侧卧—90/90 拉伸

腹外斜肌为宽阔扁肌，位于腹前外侧部的浅层。日常生活中，可以锻炼腰腹前面的肌肉以及背阔肌，使腋下至腰部的线条流畅有形。腹内斜肌位于腹外斜肌深层，收缩时可使脊柱前屈或者控制身体转动。肩关节周围肌群主要起到稳定肩关节的作用。

腹外   腹内 *
斜肌   斜肌

训练目标 · 柔韧性

目标肌肉 · 腹外、内斜肌 · 肩关节周围肌群

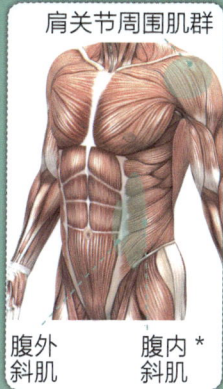

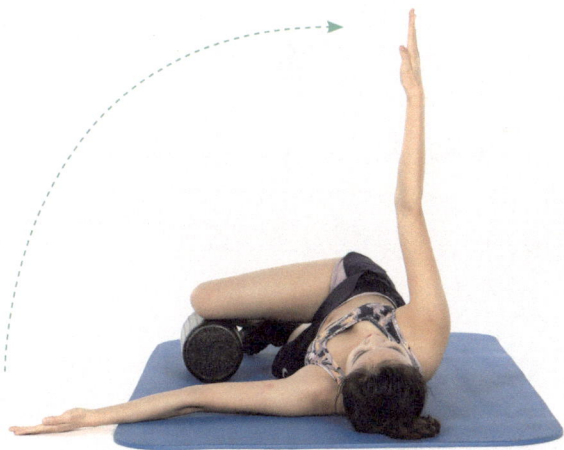

1 90 度屈髋屈膝，上侧手臂向上打开至与地面垂直

将泡沫轴置于垫上，身体呈侧卧姿势，双臂向侧卧面伸展，双手交叠，下侧腿部伸展，上侧腿部向前屈曲，压于泡沫轴上。身体向后转动约 45 度，上侧手臂随之向后伸展至与地面呈 90 度。

2 上侧手臂向后伸展至水平置于垫上，下侧手臂上举至与地面垂直

身体继续向后转动约 45 度，尽量使上侧手臂完全向后接触地面，同时下侧手臂也举至与地面呈 90 度。转动躯干时，保持两臂间的角度为 90 度不变。接着保持两臂间的角度仍为 90 度，回到起始位置，重复规定的次数。另一侧腿部压轴时也是同样的动作要求。

泡沫轴—侧卧—单侧腰部放松

腰部周围肌群

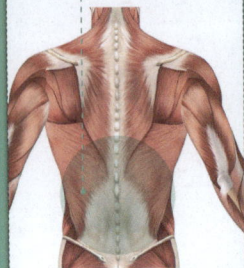

腰部周围肌群主要包括腰大肌、腰方肌、髂肌，有助于维持及增强脊柱的稳定性，可以有效地预防急慢性腰部损伤和腰痛。同时，腰腹肌肉是健美锻炼的重点。

训练目标 · 柔韧性

目标肌肉 · 腰部周围肌群

扫一扫 看视频

① **一侧手臂支撑，同侧腰部置于泡沫轴上**

将泡沫轴置于垫上，身体呈侧卧姿势，腰部压于泡沫轴上。侧卧面手臂屈曲，用前臂支撑身体，另一侧手扶于泡沫轴上。侧卧面腿部伸展，另一侧腿部屈曲，置于前侧，用脚支撑身体。

② **来回滚动泡沫轴，按压腰部肌肉**

扶于泡沫轴上的手向头顶处伸展至最大限度，使泡沫轴对腰部的压力增大。回到起始位置，重复规定的次数。另一侧腰部压轴时也是同样的动作要求。

核心肌群

臀大肌

腘绳肌

泡沫轴—花生球—不稳定—臀桥交替抬腿

核心肌群可改善身形，使腰椎更稳定。臀大肌可使大腿后伸并外旋，在下肢固定时伸直躯干，并防止躯干前倾以维持身体平衡。腘绳肌的主要功能是屈膝和后伸髋关节，它对维持膝关节的稳定性、避免膝关节受伤起着重要作用。

训练目标 · 力量 · 稳定性

目标肌肉 · 核心肌群 · 臀大肌 · 腘绳肌

扫一扫 看视频

1 **核心收紧，保持躯干稳定**

将泡沫轴纵向置于垫上，仰卧，头部与躯干压于泡沫轴上，核心收紧。双臂放于体侧，双腿屈曲至膝关节接近 45 度，双脚支撑身体，并在双膝之间夹住一个花生球。

2 **身体尽量呈一条直线**

一条腿向上伸展，同时向上顶髋，使躯干与大腿尽量呈一条直线。回到起始位置，再向上伸展另一条腿并顶髋成臀桥姿势。回到起始位置，重复规定的次数。

081

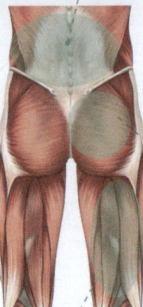

核心肌群

臀大肌

腘绳肌

泡沫轴—双腿臀桥

臀大肌是身体最大的肌肉之一，它在骨盆后外侧臀部皮下，起于骶、尾骨背面及骶结节韧带，止于骰骨臀肌粗隆和髂胫束。臀大肌的功能是伸展髋关节，向外旋转腿部，使骨盆后倾。

训练目标 · 力量 · 稳定性

目标肌肉 · 臀大肌 · 核心肌群

1 仰卧，双脚压于泡沫轴上

将泡沫轴置于垫上，仰卧，双臂放于体侧，双膝屈曲约 45 度，双脚压于泡沫轴上。

2 向上顶髋，躯干尽量保持稳定

向上顶髋，使躯干与大腿呈一条直线。保持该姿势达到规定的时间。回到起始位置，重复规定的次数。

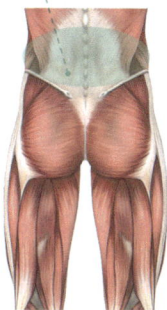

泡沫轴—仰卧—骶骨放松

骶骨是组成骨盆的骨。成人的骶骨由 5 块骶椎融合而成，分骶骨底、侧部、骶骨尖、盆面和背侧面，呈倒三角形，构成盆腔的后上壁。骨盆是由骶骨、尾骨、左右髋骨连接构成的环，主要起着重量传导以及支持、保护盆内脏器的作用。

训练目标 · 灵活性 · 柔韧性 · 稳定性

目标肌肉 · 下腰部肌群

扫一扫 看视频

1 **将泡沫轴压在骶骨处**

将泡沫轴置于垫上，仰卧，双臂向外伸展，骶骨压于泡沫轴上，双腿屈曲，脚尖点地以支撑身体。

2 **缓慢抬起双腿并放下，使骶骨在泡沫轴上前后滚动，同时躯干保持稳定**

躯干保持稳定，双腿向上抬起，使小腿与地面平行。回到起始位置，重复规定的次数。

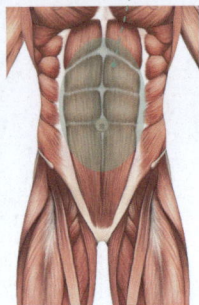

泡沫轴—仰卧—静力平衡—闭眼

核心肌群

包裹躯干的都是核心肌群，核心肌群可以起到稳定身体、传递力量的重要作用。核心肌群的训练可以增强核心肌群的肌耐力，帮助核心肌群更有力地支撑上半身，达到改善姿势的目的。

训练目标 · 稳定性

目标肌肉 · 核心肌群

扫一扫 看视频

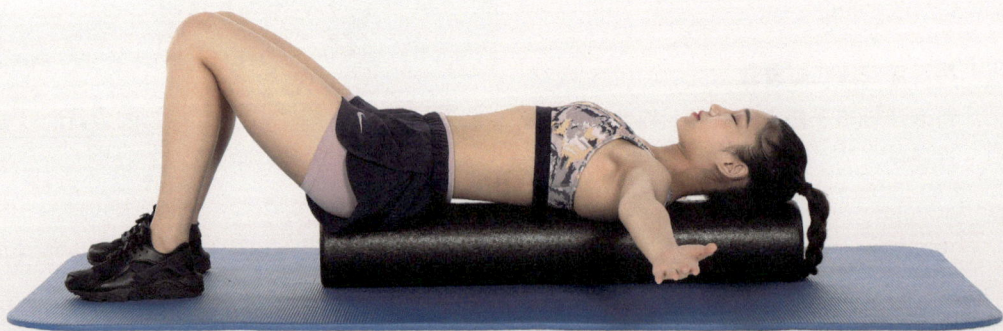

双脚平放于垫上，双臂侧平举，保持身体稳定，躯干不能晃动

将泡沫轴纵向置于垫上，仰卧，头部与躯干压于泡沫轴上，双臂侧平举。双膝屈曲至小于90度，双脚支撑身体，眼睛闭合。保持该姿势达到规定的时间。

泡沫轴—仰卧—静力平衡—睁眼

核心肌群
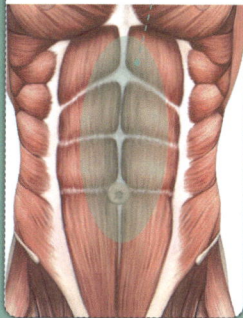

核心肌群是指环绕在躯干周围的肌肉，包括腹肌、臀部肌群，以及与脊椎和骨盆连接的肌肉。当手和腿活动的时候，这些肌肉会帮助身体保持稳定，也可以使身体保持正直。也有人称这些肌肉为"能量来源"。

训练目标 · 稳定性

目标肌肉 · 核心肌群

扫一扫 看视频

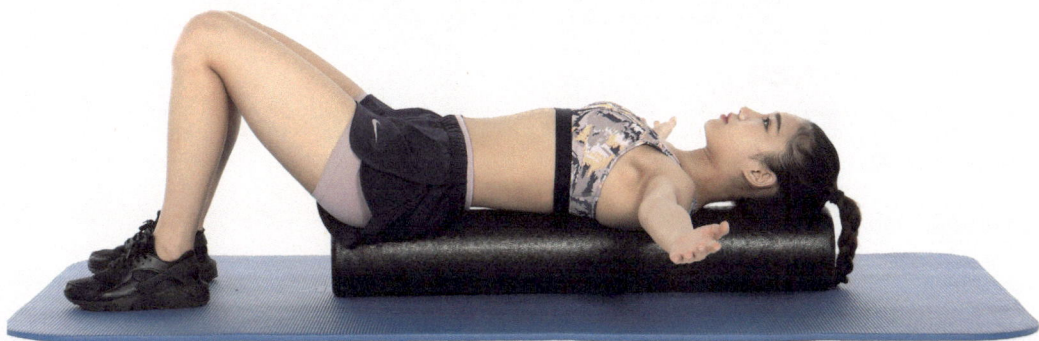

双脚平放于垫上，双臂侧平举，保持身体稳定，躯干不能晃动

将泡沫轴纵向置于垫上，仰卧，头部与躯干压于泡沫轴上，双臂侧平举。双膝屈曲至小于90度，脚部支撑身体，眼睛睁开。保持该姿势达到规定的时间。

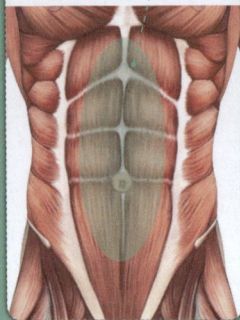

泡沫轴—仰卧—手脚复合练习

在核心肌群当中有两部分肌肉需要特别关注，其中之一就是腹横肌，它是 4 块腹肌中最深层的肌肉，肌肉纤维是横向的，所以它收缩时就像腰带一样，可以增大腹腔内压力，给背部以支持。

训练目标 · 稳定性

目标肌肉 · 核心肌群

扫一扫 看视频

1 **头部和躯干呈一条直线**

将泡沫轴纵向置于垫上，仰卧，头部与躯干压于泡沫轴上，并呈一条直线。双臂向上伸展至与地面垂直，双膝屈曲至小于 90 度，双脚支撑身体。

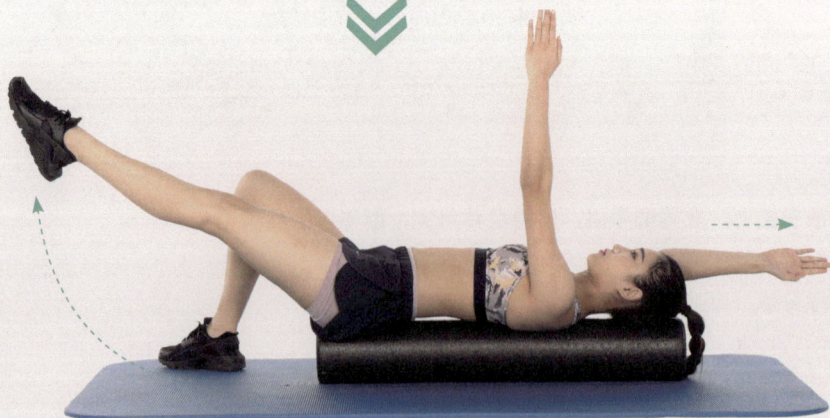

2 **保持身体姿势不变，手脚伸展**

保持身体姿势不变，一侧手臂向后伸展至与地面平行，另一侧腿部向上伸展至与地面呈 45 度。整个动作过程中，核心收紧。回到起始位置，重复规定的次数。

下肢放松

下肢肌肉紧张的表现

下肢肌肉（见图 3-16、图 3-17）在行走、奔跑、跳跃等一系列动作中扮演很重要的角色。在没有充分热身的情况下进行跑步、跳跃等动作后，下肢肌肉会产生紧张性的疼痛，严重时还会导致肌肉柔韧性失衡，使血液循环能力变差，出现腿脚水肿、抽筋等症状。

下肢正面肌肉

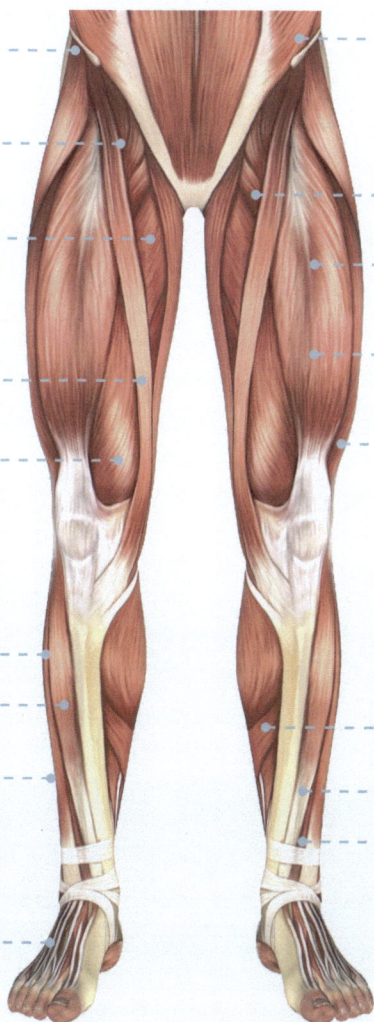

大腿前群肌
- 阔筋膜张肌
- 耻骨肌
- 长收肌
- 大收肌 *
- 股内侧肌

- 髂腰肌 *
- 短收肌 *
- 股中间肌 *
- 股直肌
- 股外侧肌

小腿前群肌
- 趾长伸肌 *
- 胫骨前肌
- 腓骨长肌

- 跨长屈肌 *
- 跨长伸肌 *
- 腓骨短肌 *

足前侧肌
- 足背肌

图 3-16 下肢肌肉正视图

在日常工作中，很多人由于工作要求，会穿有跟或鞋底很硬的鞋子，这种鞋子会对脚部关节运动产生限制，长期穿着会改变腿部和脚部的组织机能，可能会造成腿部肌肉受损、跟腱受伤等伤病。长时间行走或跑步也会引起脚跟疼痛和肌肉紧张，严重时会引发足底筋膜炎等症状。

下肢背面肌肉

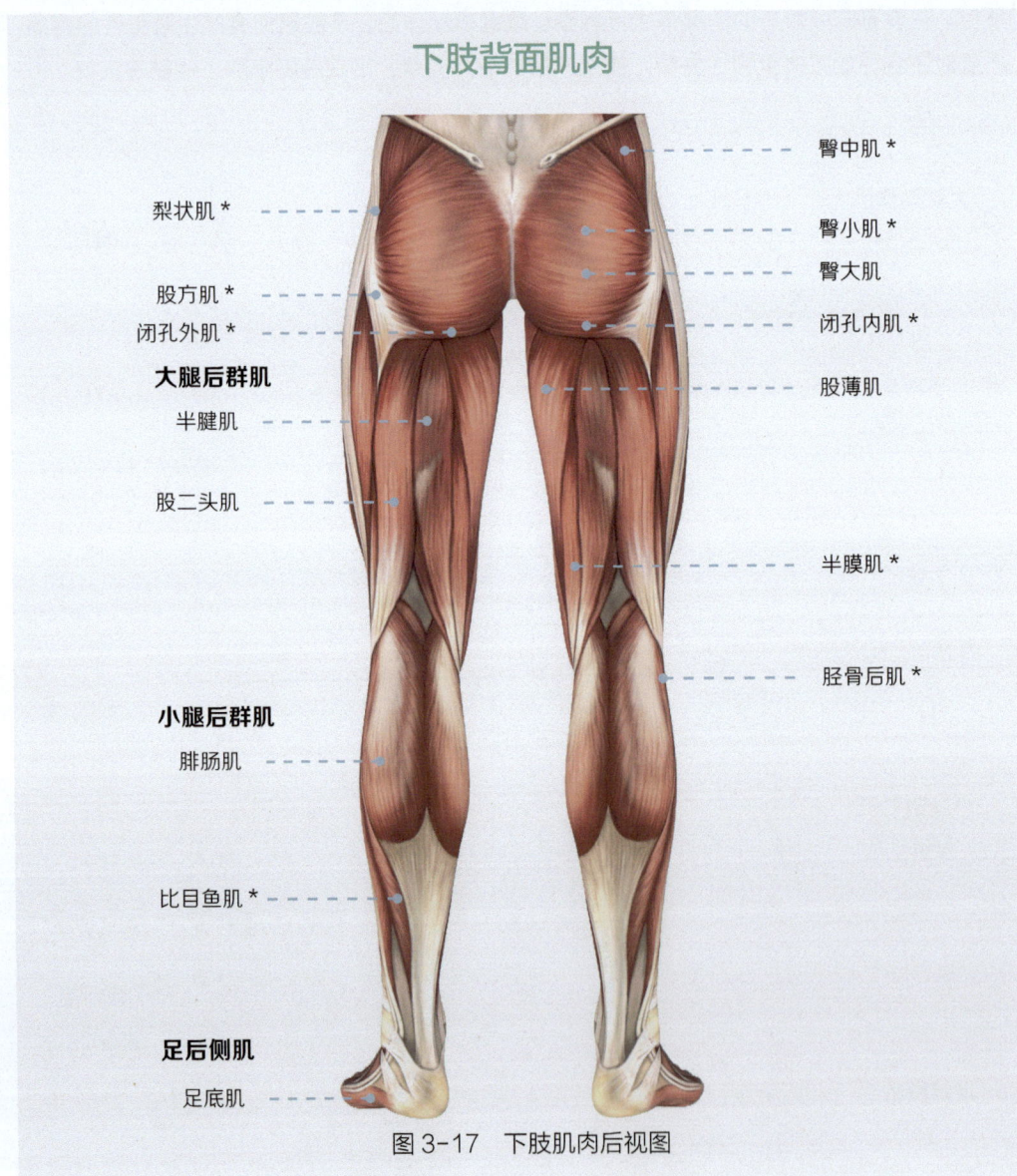

梨状肌 *

股方肌 *
闭孔外肌 *

大腿后群肌

半腱肌

股二头肌

小腿后群肌

腓肠肌

比目鱼肌 *

足后侧肌

足底肌

臀中肌 *

臀小肌 *
臀大肌

闭孔内肌 *

股薄肌

半膜肌 *

胫骨后肌 *

图 3-17　下肢肌肉后视图

下肢的主要关节

腿分为大腿和小腿两部分（见图3-18）。大腿的主要骨骼是股骨，而小腿的主要骨骼是胫骨（位于大脚趾一侧）和腓骨（位于小脚趾一侧）。

髋关节是球窝关节，它连接着股骨上端及骨盆。髋关节主要负责6个腿部动作：屈曲、伸展、外展、内收、内旋及外旋。髋关节屈曲时，大腿朝向腹部移动，而髋关节伸展则是大腿朝向臀部方向移动。大腿在髋关节外展时分开，而在做内收动作时合并。膝关节作为铰链关节连接着胫骨和股骨，主要负责腿部的两个动作：屈曲和伸展。膝关节屈曲时，小腿到达大腿后侧；膝关节伸展时，小腿则远离大腿，腿部逐渐伸直。踝关节也是一个铰链关节，连接着胫骨下端、腓骨以及足部的距骨。踝关节背屈时，脚趾抬离地面，足部向胫骨移动；踝关节跖屈时，脚跟抬离地面，足部远离胫骨。

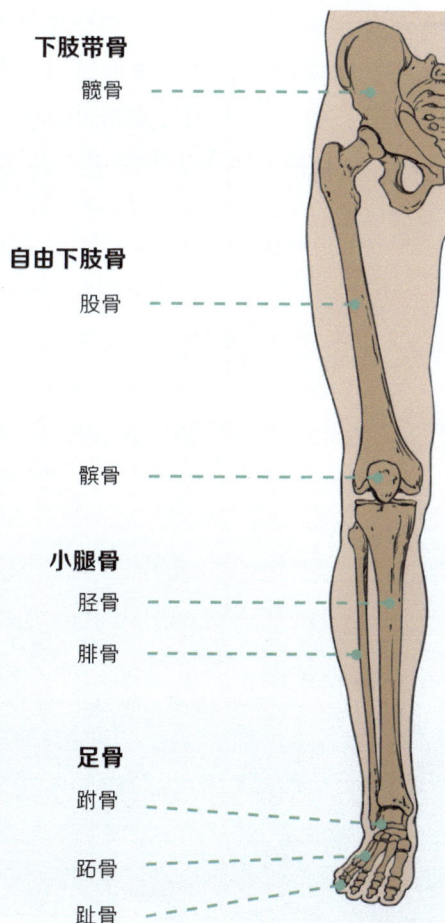

下肢带骨
　髋骨

自由下肢骨
　股骨

　髌骨

小腿骨
　胫骨
　腓骨

足骨
　跗骨

　跖骨
　趾骨

图3-18　下肢骨正视图

造成下肢肌肉紧张的原因与危害

造成下肢肌肉紧张的常见原因有以下几种。首先是长期进行下肢力量训练，使下肢肌肉持续高强度收缩，导致肌肉紧张；又或是下肢的肌肉和骨出现炎症、疼痛的情况，从而造成肌肉紧张。其次是神经牵拉性疼痛引起的肌肉紧张，其中常见的是腰椎间盘突出或者梨状肌综合征引起的下肢神经牵拉性疼痛，导致局部肌肉紧张。最后是缺乏足够的拉伸，导致肌肉僵硬。在很多情况下，由于运动较多，肌肉频繁收缩，加之代谢废物堆积，同时缺乏足够的拉伸和放松，会导致肌肉弹性下降、僵硬和紧张。下肢肌肉紧张还会增大局部压力，导致局部产生炎症或代谢物堆积，使得肌肉恢复缓慢，疲劳感延长，长此以往会引起下肢疼痛。因此，肌肉僵硬将会埋下劳损性损伤的隐患，时间一长，自然会引发损伤和疼痛。

下肢肌肉放松的重要性

日常运动都需要下肢肌肉参与，下肢肌肉的发达程度直接影响着运动表现的高低。而锻炼后下肢肌肉的放松也同样重要，快速有效地放松整个身体，保持下肢的活力，从而有效地对抗疲劳感，有助于完成日常活动和体育运动。放松对增强身体整体的运动能力、稳定性、控制力和平衡力都有着一定的作用。

泡沫轴—仰卧—单侧臀部肌群放松

臀部肌群一般分为臀大肌、臀中肌和臀小肌,具有伸展、外展和外旋髋关节以及稳定臀部的作用。

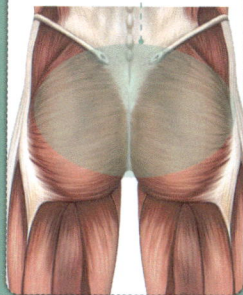

| 训练目标 | · 柔韧性 |
| 目标肌肉 | · 臀部肌群 |

扫一扫 看视频

1 **臀部压于泡沫轴上**

将泡沫轴置于垫上,仰卧,双臂向后伸展撑地。右腿支撑身体,左臀压于泡沫轴上,左腿屈曲,将踝关节置于右腿的膝关节处。

2 **手臂撑地辅助发力,身体整体移动**

身体前后移动,使泡沫轴在臀部肌群处滚动。回到起始位置,重复规定的次数。另一侧臀部压轴时也是同样的动作要求。

泡沫轴—侧卧—单侧髂胫束放松

髂胫束为全身最厚的筋膜，其起自髂嵴，向下止于胫骨外侧髁。其上 1/3 分成两层，夹有阔筋膜张肌。臀部的宽阔、坚韧、致密的部分，称阔筋膜；髂嵴前方的阔筋膜纵行纤维特别发达，并且增厚呈带状，称髂胫束。

训练目标 · 柔韧性

目标肌肉 · 髂胫束

扫一扫 看视频

1 **双手撑地，保持平衡**

将泡沫轴置于垫上，身体呈侧卧姿势，双臂向侧卧面伸展撑地。同侧腿部伸展，髂胫束压于泡沫轴上，另一侧腿部屈曲，置于压轴腿前侧，用脚支撑身体以保持平衡。

2 **前后滚动泡沫轴，放松膝关节至髋部侧面区域**

身体前后移动，使泡沫轴在髂胫束处滚动。回到起始位置，重复规定的次数。另一侧髂胫束压轴时也是同样的动作要求。

泡沫轴—单侧小腿放松

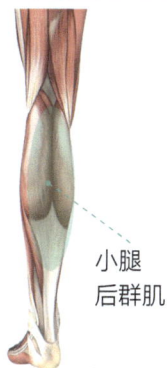

小腿后群肌

小腿后群肌由腓肠肌、比目鱼肌、趾长屈肌、姆长屈肌及胫骨后肌组成。这部分肌群主要用于控制踝关节和膝关节的屈伸。人体在进行单侧拉伸时，对单腿所施加的力要大于对双腿所施加的力，因此按压力度更大，疼痛也会更剧烈。

训练目标 · 柔韧性

目标肌肉 · 小腿后群肌

扫一扫 看视频

1 双腿叠放，放松小腿后群肌

将泡沫轴置于垫上，身体呈仰卧姿势。双臂向后伸展并支撑身体，双腿伸展，一侧小腿压于泡沫轴上，另一侧小腿叠放其上。

2 臀部上抬，离开垫子，前后滚动泡沫轴

身体前后移动，使泡沫轴在小腿处滚动。回到起始位置，重复规定的次数。另一侧小腿压轴时也是同样的动作要求。

泡沫轴—俯卧—单侧大腿内侧放松

大腿内收肌群由耻骨肌、长收肌、短收肌、大收肌及股薄肌5块肌肉组成，其主要功能是在站立、行走、跑动活动中，控制大腿的运动，并使骨盆稳定。

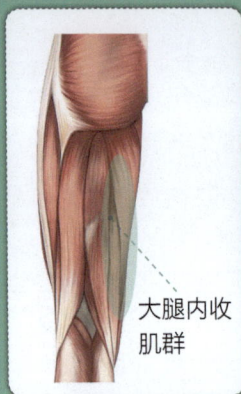

大腿内收肌群

训练目标 · 柔韧性

目标肌肉 · 大腿内收肌群

扫一扫 看视频

① **躯干保持挺直**

将泡沫轴置于垫上，躯干伸展并俯卧，双臂向前屈曲，双手交叠支撑于下巴处。一侧腿部向外屈曲，使大腿内侧压于泡沫轴上。

② **左右滚动泡沫轴，放松膝关节至腹股沟区域**

腿部左右移动，使泡沫轴在大腿内侧滚动。回到起始位置，重复规定的次数。另一侧腿部压轴时也是同样的动作要求。

泡沫轴—俯卧—单侧股四头肌放松

股四头肌是人体大腿的肌肉，位于大腿前面，是人体最大、最有力的肌肉之一。在行走、奔跑、直立等活动中，股四头肌主要使髋关节屈曲、使膝关节伸直，并维持膝关节稳定。

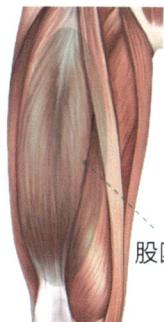

股四头肌

训练目标 · 柔韧性

目标肌肉 · 股四头肌

扫一扫 看视频

① **躯干保持平衡，核心收紧**

将泡沫轴置于垫上，身体呈俯卧姿势，双臂向前屈曲，用前臂支撑身体，躯干保持平衡，核心收紧。双腿伸展，一侧腿的股四头肌压于泡沫轴上，另一侧小腿叠放其上。

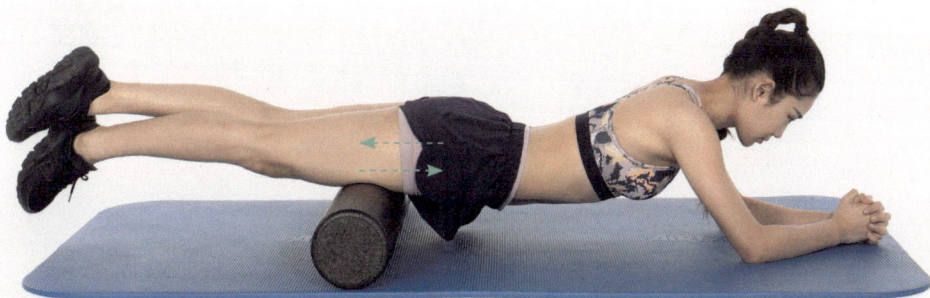

② **双臂发力带动整个身体向前、向后移动，使泡沫轴在股四头肌处滚动**

身体前后移动，使泡沫轴在股四头肌处滚动。回到起始位置，重复规定的次数。另一侧腿的股四头肌压轴时也是同样的动作要求。

泡沫轴—胫骨前肌放松

胫骨前肌是小腿前群肌之一，在胫骨的前外侧。近固定时，使足在踝关节处背屈、内翻和外旋，如勾脚动作；远固定时，拉小腿在踝关节处向前。采用负重勾脚等练习可以增强该肌肉的力量。

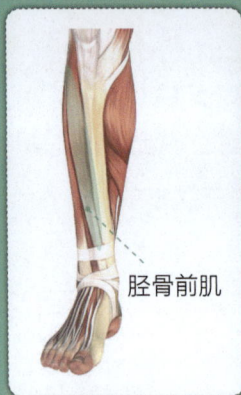

胫骨前肌

训练目标 · 柔韧性

目标肌肉 · 胫骨前肌

扫一扫 看视频

1 核心收紧，保持躯干稳定

将泡沫轴置于垫上，俯卧，双臂伸展支撑身体，核心收紧，保持躯干稳定。双腿屈曲呈跪姿，一侧腿部膝关节压于泡沫轴上，另一侧小腿叠放其上。

2 躯干平行于地面，腿部屈伸滚动泡沫轴

躯干平行于地面，腿部屈伸，使泡沫轴在胫骨前肌处滚动。回到起始位置，重复规定的次数。另一侧腿的胫骨前肌压轴时也是同样的动作要求。

腘绳肌

泡沫轴—仰卧—单侧腘绳肌放松

腘绳肌为大腿后侧的肌群，包括半腱肌、半膜肌、股二头肌，腘绳肌与强有力的股四头肌相对应，是人体最大的肌群之一。腘绳肌使髋关节伸展，使膝关节屈曲。在急停等动作中起到稳定膝关节的作用。

训练目标 · 柔韧性

目标肌肉 · 腘绳肌

扫一扫 看视频

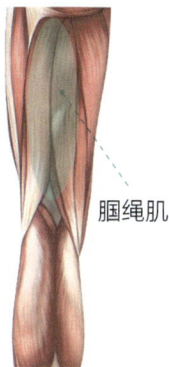

1 将腘绳肌压于泡沫轴上

将泡沫轴置于垫上，仰卧，双臂向后伸展支撑身体。一侧腿部伸展，腘绳肌压于泡沫轴上，另一侧腿部屈曲，将踝关节置于压轴腿的膝关节处。

2 臀部上抬离开垫子，放松臀部至膝关节区域，前后滚动泡沫轴

身体前后移动，使泡沫轴在腘绳肌处滚动。回到起始位置，重复规定的次数。另一侧腿的腘绳肌压轴时也是同样的动作要求。

097

泡沫轴—仰卧—单腿蹬

　　股四头肌在大腿的前面。要使大腿强壮，首先要锻炼股四头肌，因为股四头肌是人体最大、最有力的肌肉之一。臀大肌是臀肌之一，可使大腿后伸并外旋，下肢固定时伸展髋关节并防止躯干前倾以维持身体平衡。

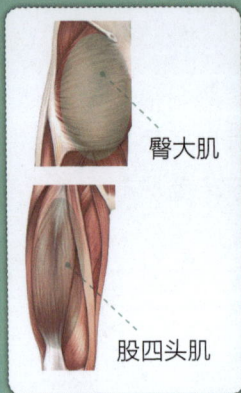

臀大肌

股四头肌

训练目标 · 稳定性

目标肌肉 · 股四头肌 · 臀大肌

扫一扫 看视频

1　头部和躯干呈一条直线，仰卧于泡沫轴上

将泡沫轴纵向置于垫上，仰卧，头部与躯干压于泡沫轴上并呈一条直线。双臂伸展于体侧。一侧腿弯曲用脚部支撑身体；另一侧腿部屈髋屈膝至膝关节与髋关节均呈 90 度，小腿与地面平行。

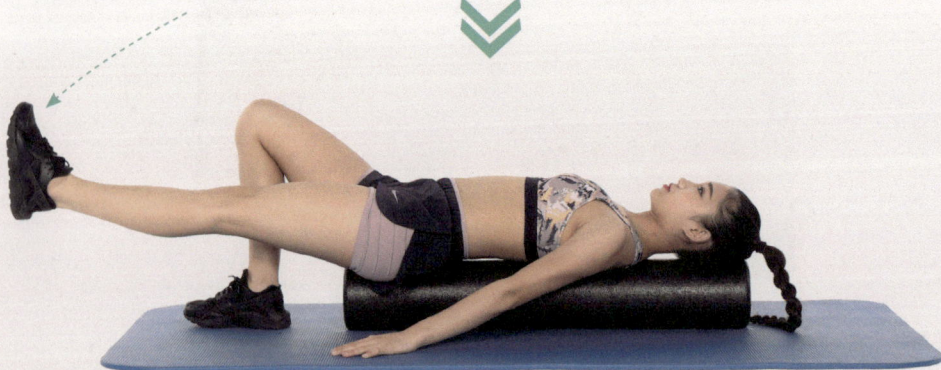

2　单脚撑地时，保持身体稳定

悬空腿部向前伸展至最大限度且与地面平行，过程中核心收紧，保持身体稳定。回到起始位置，重复规定的次数。另一侧脚部支撑身体时也是同样的动作要求。

胭绳肌

泡沫轴—坐姿—单侧腘绳肌放松

腘绳肌的酸痛主要出现在中长距离跑步运动者中，腘绳肌是人体最大的肌群之一。腘绳肌使髋关节伸展，使膝关节屈曲。在急停等动作中起到稳定膝关节的作用。

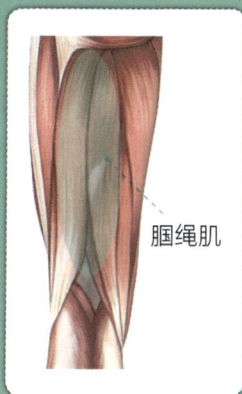

训练目标 · 柔韧性

目标肌肉 · 腘绳肌

扫一扫 看视频

单侧大腿后侧压在泡沫轴上，体会上半身的重量压在泡沫轴上

坐于与膝关节等高的椅子或其他物体上，挺胸抬头，双臂伸展，双手置于体侧。双腿屈曲，将泡沫轴置于一侧腿部腘绳肌与椅面或其他物体之间。保持该姿势达到规定的时间。另一侧腿的腘绳肌压轴时也是同样的动作要求。

泡沫轴—坐姿—足底放松

足底肌

足肌是下肢肌的一部分。足部肌肉较为短小，可分为足背肌和足底肌两部分。足底肌有屈趾的功能。整个足肌的主要功能是协同维持足弓。

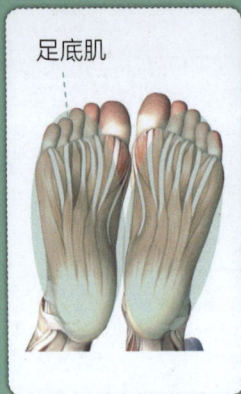

训练目标 · 柔韧性

目标肌肉 · 足底肌

扫一扫 看视频

1 **保持躯干稳定，躯干垂直于地面**

将泡沫轴置于垫上，坐于与膝关节等高的椅子或其他物体上。挺胸抬头，保持躯干稳定并与地面垂直。双臂伸直，双手扶于大腿之上；双腿伸直，双脚脚跟压于泡沫轴上。

2 **弯曲膝关节，使泡沫轴缓慢滚到脚尖**

双脚前后移动，使泡沫轴在足底滚动。回到起始位置，重复规定的次数。

泡沫轴—坐姿—足侧放松

足外侧肌群

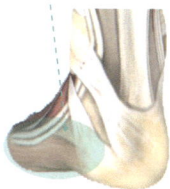

足外侧肌群包含小趾展肌和小趾短屈肌。如果出现足底筋膜炎偏向足外侧疼痛的情况，就可以用泡沫轴多滚一滚足外侧。足弓塌陷也会引发小趾展肌过紧，也要多做一下足外侧的放松。

训练目标 · 柔韧性

目标肌肉 · 足外侧肌群

扫一扫 看视频

1 **保持躯干稳定，躯干垂直于地面**

将泡沫轴置于垫上，坐于与膝关节等高的椅子或其他物体上。挺胸抬头，保持躯干稳定并与地面垂直。一侧脚部着地，膝关节屈曲呈90度；另一侧腿部伸展，将脚跟外侧压于泡沫轴上。

2 **缓慢移动脚，使泡沫轴从脚跟外侧依次滚到脚尖外侧**

足心朝内，腿部屈伸，使泡沫轴在足外侧滚动。回到起始位置，重复规定的次数。另一侧脚跟外侧压轴时也是同样的动作要求。

图片说明

以下页面中的图片由苏州工业园区嘉友运动休闲用品有限公司授权使用：
P8、9、10、11、12、13、14、15、17、18、19、50、51、67、78、90

以下页面中的手绘插图及全书肌肉解剖图由北京灌木文化发展有限责任公司版权所有：
P54、61、62、66、77、89